S. A. I. LE GRAND-DUC BORIS DE RUSSIE

AUX

FÊTES DU SIAM

POUR

LE COURONNEMENT DU ROI

PAR

IVAN DE SCHÆCK

Ouvrage orné de quatre-vingt-onze gravures hors texte

LIBRAIRIE PLON

S. A. I. LE GRAND-DUC BORIS DE RUSSIE

AUX

FÊTES DU SIAM

POUR

LE COURONNEMENT DU ROI

DU MÊME AUTEUR

Visions de guerre. **Six mois en Mandchourie**, avec S. A. I. le grand-duc Boris de Russie. Un volume in-8° écu avec 41 gravures, d'après les photographies de l'auteur, et une carte. 3ᵉ édition... 5 fr. »

Promenade autour du monde avec S. A. I. le grand-duc Boris de Russie. Un beau volume in-8° demi-colombier, illustré de 100 gravures dans le texte et hors texte, d'après les photographies de l'auteur, et une carte. Broché... 10 fr. »
Relié.. 13 fr. 50

S. A. I. LE GRAND-DUC BORIS ET SA SUITE, AUX FÊTES DU COURONNEMENT, A BANGKOK

S. A. I. LE GRAND-DUC BORIS DE RUSSIE

AUX

FÊTES DU SIAM

POUR

LE COURONNEMENT DU ROI

PAR

IVAN DE SCHÆCK

Ouvrage orné de quatre-vingt-onze gravures hors texte

PARIS
LIBRAIRIE PLON
PLON-NOURRIT et C*ie*, IMPRIMEURS-ÉDITEURS
8, RUE GARANCIÈRE — 6*e*
—
1914
Tous droits réservés

Droits de reproduction et de traduction
réservés pour tous pays.

PRÉFACE

Il faut être reconnaissant à ceux qui font pour nous de beaux voyages. Les poètes, les romanciers, les dramaturges nous mènent aux pays du rêve, de la beauté, de la fiction. Mais il nous est possible aussi d'y aller nous-mêmes en songe.

Les récits de voyage nous conduisent en des lieux qui nous sont inconnus, où nous n'irons peut-être jamais. Ils nous promènent, à la suite de l'auteur, sous des cieux divers et nouveaux. Grâce à lui, nous pouvons connaître de seconde main, un peu, beaucoup même, de ce vaste monde où nous aurons passé, touristes d'un jour sur cette planète Terre, qui voyage elle-même dans l'espace infini...

C'est en Extrême-Orient que nous conduit, cette fois, M. le chevalier de Schæck. Ses deux précédents ouvrages (1) nous avaient déjà donné un ta-

---

(1) *Six Mois en Mandchourie* (41 gravures, Plon, 1906) et *Promenade autour du monde avec S. A. I. le grand-duc Boris de Russie* (100 gravures, Plon, 1910).

bleau vécu de la guerre russo-japonaise et le pittoresque récit d'une promenade autour du monde en compagnie de S. A. I. le grand-duc Boris de Russie.

Le réel succès qu'ont remporté auprès du public lettré ces *Visions de guerre* et ces *Visions de route* a fort heureusement décidé l'auteur à publier ses récents souvenirs des *Fêtes du Siam,* où il se trouvait à nouveau à la suite de S. A. I. le grand-duc Boris, en mission cette fois au couronnement du roi, en décembre 1911.

A vrai dire, quand on a le rare privilège de voyager en si auguste compagnie, d'assister à tant de scènes uniques, interdites aux simples profanes comme aux plus curieux des *globe-trotters*, on a un peu le devoir de ne point garder pour soi les impressions et les souvenirs recueillis à l'occasion d'une pareille bonne fortune.

Les fêtes du couronnement de S. M. le roi Maha-Vagiravudh, le nouveau monarque qui succédait à son père, le roi Chulalongkorn, ont été un spectacle unique au monde. Pour la première fois la vieille Europe se faisait représenter par des princes et des ambassadeurs extraordinaires au couronnement d'un roi de Siam. Il n'y en avait pas eu depuis quarante-trois ans. Il n'y en aura pas sans doute de longtemps, puisque le souverain actuel est monté sur le trône à l'âge de trente-deux ans.

Quant à l'éclat et aux splendeurs inoubliables de ces fêtes du Siam, où les cérémonies religieuses et militaires, les processions solennelles se succédèrent sans interruption durant deux semaines, après le grand jour du couronnement, toutes plus brillantes les unes que les autres; où l'on put assister à des fêtes de nuit aux illuminations féeriques, dans des décors de rêve, avec des visions comme celle d'une ville de feu se reflétant à l'infini dans le miroir d'un fleuve et d'innombrables canaux, ou à la procession des gondoles historiques siamoises, il suffira de dire ici qu'on a estimé les frais de ce couronnement fastueux à près de 16 millions de francs.

L'antique royaume du Siam a crû singulièrement en force et en richesse depuis qu'il envoyait pour la première fois des ambassadeurs en Europe, à la cour du Roi-Soleil, en 1684. Pour n'en donner qu'un exemple récent, à une dizaine de kilomètres d'Ayuthia — la ville flottante de 30 000 habitants sur le Menam, en amont de la capitale Bangkok — s'élève aujourd'hui Bang-pa-in, un véritable « Versailles siamois » peuplé de palais, de pagodes et de villas, là même où, il y a vingt ans, paissaient dans les forêts marécageuses des troupes d'éléphants sauvages. L'auteur, qui avait déjà accompagné au Siam, dix ans auparavant, le grand-duc Boris, en l'honneur duquel feu le roi Chulalongkorn avait donné des fêtes splendides, a pu constater *de visu* les progrès énormes accomplis en si peu de temps par ce petit royaume de dix millions d'âmes qui a su conquérir sa place parmi les nations civilisées en se lançant courageusement dans la voie des réformes.

Ces fêtes inoubliables au pays de l'Éléphant blanc furent la brillante consécration du nouvel état de choses. Pas un des districts les plus éloignés de la capitale, perdus aux frontières du nord vers le Laos, qui n'eût délégué un chef ou un représentant aux fêtes du couronnement. Et pourtant, il faut moins de temps pour aller d'un port d'Europe à Bangkok que pour y arriver depuis les provinces reculées du Haut-Siam.

La vénération et l'affection touchante, à la fois, du peuple siamois pour son souverain, qui circule à l'occasion librement au milieu de ses sujets; les mœurs simples, la bonhomie presque patriarcale, l'heureuse insouciance enfantine qui règne dans la population, sont un gage du bonheur et de la prospérité nationale.

Sur le chemin du retour, M. de Schæck nous fait visiter encore, dans l'île de Java, des temples bouddhiques de dimensions colossales, rivalisant avec celles des pyramides d'Égypte. A Ceylan, il nous conduit aux fabuleuses ruines d'Anuradhapura, qu'on achève de mettre au jour, et qui sont encore comme inconnues en France. De tous ces monuments sans rivaux au monde, de tous ces sites uniques, l'auteur nous apporte des illustrations prises par lui sur place qui nous donnent la vision de ce qu'il a vu et su décrire pour notre plus grand agrément.

Lisons donc, avec plaisir et profit, les récits de ceux qui font pour nous de si beaux voyages.

E. DE MORSIER.

AUX FÊTES DU SIAM

CHAPITRE PREMIER

DE NAPLES A CEYLAN

La mission du grand-duc Boris. — Départ de Naples. — A bord du croiseur russe *Aurora*. — Port-Saïd, le canal maritime et la mer Rouge. — Arrivée à Aden. — La cité arabe. — Visite aux citernes. — Climat et ressources. — Une soirée chez le gouverneur. — En océan Indien.

Depuis la visite que S. M. l'empereur Nicolas II fit au Siam, lors du voyage qu'il entreprit comme héritier du trône en Extrême-Orient, les relations entre les cours de Pétersbourg et de Bangkok sont restées très cordiales.

Le prince Chira de Siam, aujourd'hui ministre de la guerre, a séjourné à diverses reprises dans la capitale russe. Il assista, entre autres occasions, en 1896, à la cérémonie du couronnement à Moscou, et eut l'occasion de se lier d'amitié avec le grand-duc Boris. A son tour, celui-ci se rendit, en mai 1902, à Bangkok, sur l'invitation du roi Chulalongkorn, qui donna de brillantes fêtes en son honneur.

Depuis, un autre fils du roi, le prince Chakrabon, venu en Russie pour compléter son éducation militaire, servit pendant plusieurs années au régiment des hussards de Sa Majesté, à Tsarskoe-Selo.

A plusieurs reprises, déjà, l'Empereur avait témoigné sa faveur à son cousin le grand-duc Boris, en le chargeant de le représenter officiellement, en diverses occasions solennelles. C'est ainsi qu'il l'envoya en mission à Madrid, à Rome et récemment, encore, à Londres, au couronnement du roi Georges V.

Une fois de plus, ce fut le grand-duc Boris que Sa Majesté daigna déléguer à Bangkok, en décembre 1911, aux fêtes du couronnement du roi Maha-Vagiravudh.

Aussitôt que cette mission lui eut été confiée, le grand-duc Boris désigna, parmi ses amis, des officiers pour l'accompagner dans cette lointaine expédition.

Son choix tomba sur les personnes suivantes :

Le colonel comte Michel Grabbe, qui fut pendant plusieurs années aide de camp de feu le grand-duc Wladimir. Actuellement aide de camp de S. M. l'Empereur, le colonel Grabbe est une personnalité très en vue dans les cercles de la cour ;

Le comte Alfred Wielopolski, capitaine au régiment des hussards de l'Empereur ;

Le capitaine Théodore Coubé, frère du lieutenant de vaisseau qui périt si tragiquement lors de la catastrophe du cuirassé *Petropavlosk*, à Port-Arthur;

Le baron E. Ungern Sternberg, lieutenant au régiment de la garde Siméonovski.

J'appris également, avec un vif plaisir, que j'allais avoir, en cette circonstance, l'occasion de visiter à nouveau le Siam, où j'avais déjà eu l'honneur d'accompagner le grand-duc Boris, il y a dix ans, lors de son voyage autour du monde (1).

Il fut décidé que nous ferions route à bord du croiseur cuirassé *Aurora*, qui reçut l'ordre d'appareiller sans délai pour Naples.

Avant de s'embarquer, le grand-duc assista encore, en cette année 1911, aux manœuvres de l'armée française, dans l'Est.

Nous quittâmes Paris le 10 octobre, pour nous rendre d'abord à Rome, par le Mont-Cenis.

Une animation extraordinaire règne dans toutes les gares italiennes. On s'y arrache les journaux qui donnent les dernières nouvelles sur la guerre que l'Italie vient de déclarer à la Turquie, au sujet de la Tripolitaine. Partout des soldats mobilisés attendent le train qui leur permettra de rejoindre leurs régiments.

A Naples, le perron de la gare est encombré de militaires et de ballots de marchandises. Dans la foule, nous distinguons le consul de Russie, le com-

---

(1) *Promenade autour du monde avec S. A. I. le grand-duc Boris de Russie*, par Ivan DE SCHAECK, avec 100 gravures (Plon, 1910).

mandant de l'*Aurora* et le préfet de la ville, venus pour saluer le grand-duc.

Des fenêtres de notre hôtel, nous apercevons les trois cheminées du croiseur russe, qui est amarré au port militaire.

A la tombée de la nuit, nous montons à l'hôtel Bertolini, où la grande-duchesse Wladimir, arrivée dans la journée de Rome, en automobile, a gracieusement invité à dîner les compagnons de voyage de son fils, ainsi que le commandant du navire.

La soirée est magnifique. Un orchestre napolitain joue sur la terrasse. A nos pieds, la ville et son golfe merveilleux étincellent de mille feux.

Le 14 octobre, au matin, nous nous embarquons à bord du bâtiment de guerre qui va nous servir de maison flottante pendant six mois.

La grande-duchesse Wladimir, accompagnée de sa fille et du prince Nicolas de Grèce, s'est rendue également à bord de l'*Aurora*. Après un court *Te Deum*, on se met à table pour le déjeuner. A l'entour du navire, sur des barques, des chanteurs napolitains récoltent adroitement, dans de grands parapluies, les pièces de monnaie qu'on leur jette à profusion. L'heure du départ a sonné. Sur une chaloupe à vapeur, que les autorités du port ont mise à sa disposition, la grande-duchesse suit encore quelque temps le navire qui emporte son fils aux pays lointains.

Puis, ce sont les derniers signes d'adieu de part et d'autre, et bientôt le petit vapeur rentre au port et disparaît dans la brume crépusculaire.

Le croiseur cuirassé *Aurora* jauge 6 700 tonneaux. Il a été construit dans les chantiers de l'Amirauté, à Pétersbourg. En 1903, il reçut l'ordre d'aller, avec deux autres croiseurs, en Extrême-Orient. La petite escadre, commandée par l'amiral Virenius, se trouvait à Djibouti quand la guerre éclata avec le Japon. Rappelé à Cronstadt, l'*Aurora* se joignit bientôt à l'escadre de l'amiral Rodjestwensky, et contourna l'Afrique pour se rendre dans les mers de la Chine. On sait quelles furent les difficultés de cette héroïque traversée. L'escadre prit une part active à la bataille de Tsuchima, dans le détachement des croiseurs que commandait l'amiral Enkvist, et subit des dégâts si sérieux qu'elle fut obligée de se réfugier à Manila.

La guerre terminée, le croiseur rentra à Libau. Depuis, il sert de vaisseau-école pour les aspirants et les sous-officiers de la marine.

Plusieurs des officiers du bord, entre autres le commandant en second Starck, l'officier des mines baron Knorring, le chef mécanicien Gerbich, ainsi que le docteur Bogolovsky, ont pris part aux péripéties de cette triste guerre.

Qui croirait que le *mess,* où le soir, après dîner, nous lions conversation avec nos compagnons de route, fut, un temps, transformé en soute à charbon, vu l'énorme provision de combustible que chaque bâtiment dut prendre pour se rendre sur le théâtre de la guerre. On nous montre, au mur, dans un cadre, le portrait du commandant de l'*Aurora*, qui fut tué durant le combat naval.

En passant au large de l'île de Crète, nous fûmes si fortement secoués que le croiseur dut ralentir considérablement sa marche. Mais le grand-duc Boris est de ceux qui ont le pied marin, et la plus mauvaise mer ne saurait l'affecter.

Vu l'état de guerre régnant entre l'Italie et la Turquie, tous les phares de l'île sont éteints.

Le quatrième jour, au matin, de gracieuses mouettes et la teinte des eaux, de plus en plus jaunâtres, trahissent le voisinage de la côte africaine.

Voici le grand môle qui protège le port de Port-Saïd, et sur lequel se dresse la statue de Ferdinand de Lesseps.

Notre croiseur passe entre la forêt des mâts des bâtiments de commerce et des paquebots pour aller s'amarrer au port militaire. Chacun de nous se réjouit de mettre pied à terre; mais nous avions compté sans la diligence des autorités sanitaires du port, qui nous ménageaient une désagréable surprise. L'*Aurora* est déclarée en quarantaine, comme arrivant d'un port contaminé par le choléra. Il paraît qu'une épidémie — sur laquelle les Italiens avaient grand soin de faire le silence — sévissait alors à

Naples. Deux officiers du service sanitaire, postés à bord de notre navire, ont ordre de veiller à ce que personne ne descende à terre.

Cela ne nous empêchera pas, cependant, de faire le charbon nécessaire. Deux grands chalands nous accostent. Des centaines d'Arabes, agiles comme des singes, se démènent, crient, gesticulent, en chargeant et déversant leurs petits paniers de combustible dans les soutes. Ils travaillent sans relâche, jusqu'à quatre heures du matin.

La soirée est magnifique. Mille feux se reflètent dans la mer comme dans un miroir, tandis que la lumière des projecteurs électriques éclaire alternativement les innombrables navires stationnés dans le port.

Heureusement que le lendemain, après la visite du gouverneur de Port-Saïd, la consigne fut levée, pour nous autres, du moins, et pour les officiers.

Jusqu'à une heure avancée de la nuit, les rues de Port-Saïd sont animées d'une foule de touristes et de marins, qui se laissent tenter par de menus objets, prétendus souvenirs d'Orient et qui sont en général toute une pacotille de fabrication allemande, étalée aux devantures des magasins brillamment éclairés.

Soirée très amusante au cinématographe, où notre *drogman* (interprète), Mustapha Chéra, nous avait engagés à entrer. Ce public oriental prend une part si vive aux scènes plus ou moins émouvantes du spectacle, qu'il ne tarit pas de marques d'approbation ou d'expressions désobligeantes à l'adresse des personnages muets qui passent devant ses yeux.

Nous restons encore un jour à Port-Saïd, le temps de faire les emplettes et provisions nécessaires, puis l'*Aurora* pénètre dans le canal. A notre droite s'étendent les grands lacs salés, où s'ébattent des milliers d'oiseaux. A gauche, du côté de la mer, des pyramides blanches de sel accumulé ressemblent, de loin, aux tentes d'un vaste camp.

Le canal se continue ensuite en plein désert, entre deux murs de sable. Çà et là, de grandes dragues travaillent à enlever les ensablements amenés par les vents du désert.

Vers les quatre heures de l'après-midi, nous traversons le lac d'Ismaïlia, bordé de rives verdoyantes. Nous sommes à mi-parcours de Suez et rentrons bientôt dans les sables. De fines silhouettes d'Arabes, ou des caravanes de chameaux, se profilent, de temps à autre, sur le ciel empourpré. Bientôt la nuit tombe, très noire, et l'*Aurora* poursuit lentement sa route entre les feux rouges et verts espacés tout le long du canal.

Vers dix heures nous voyons briller les lumières de Suez, où nous jetterons l'ancre pour la nuit.

Le lendemain matin, à la première heure, nous entrons dans la mer Rouge.

Tout le jour encore, nous restons en vue de son

littoral désert et de ses côtes arides. Vers le soir, quand le soleil descend à l'horizon, le pinceau du plus délicat des aquarellistes ne saurait rendre la gamme de colorations exquises : roses, vertes, violettes, qui se jouent sur les montagnes de la côte.

Chaque jour, maintenant, est caractérisé par une sensible augmentation de la température. Déjà on étouffe dans les cabines, où il n'y a plus moyen de dormir. Il faut chercher, pour la nuit, un refuge sur le pont. Durant les repas, on se dispute la glace qui fond à vue d'œil dans les verres.

Le thermomètre continue à monter. En vain cherchons-nous à nous rafraîchir un peu en nous plongeant dans un petit bassin de natation, improvisé sur la dunette, au moyen de grandes toiles. L'eau a une température de 26 degrés centigrades, et contient une si forte proportion de sel qu'on en ressort les yeux brûlants. Dans les machines, les chauffeurs et les mécaniciens font pitié. Ils travaillent, à moitié nus, dans une température qui dépasse 40 degrés!

Pourtant, dès le matin du cinquième jour, une petite brise se lève et fraîchit à mesure que nous approchons de l'océan Indien. Nous passons, à la hauteur de Périm, devant les îlots qui semblent garder la mer comme autant de forteresses, et, avant que le soleil se couche, nous pouvons distinguer, à notre gauche, sur la côte lointaine, les maisons roses de la petite ville de Moka. Il ne nous reste plus qu'une nuit de navigation pour atteindre le port d'Aden, sur la côte de l'Arabie.

* * *

27 octobre. — Quand on voyage sur un bâtiment de guerre, on ne court pas du moins le risque de rester endormi dans sa cabine en arrivant dans un port. Les canons du bord, auxquels répondent bientôt ceux des forts de la rive ou d'autres navires, se chargent de vous arracher au sommeil.

Nous sommes dans la baie d'Aden. Sur les flancs d'une côte aride, dominée par des montagnes escarpées, dépourvues de toute végétation, nous distinguons les quelques habitations et casernes qui constituent la ville anglaise ou « cantonnement ».

L'*Aurora* entre lentement dans le port. Voici déjà le major général Bell, gouverneur militaire d'Aden, qui arrive à bord d'une chaloupe, pour rendre visite au grand-duc. Il l'invite à venir prendre le thé à la Résidence.

En débarquant à la *Steamer-Point*, le voyageur a, devant lui, une grande place en forme de croissant, le « Crescent », autour de laquelle se trouvent les agences, magasins et hôtels qui forment l'agglomération du port.

Un peu plus loin, du côté de la mer, s'étend tout un quartier de maisons basses, habitées par des Somalis et des Arabes. C'est le village de Tamahi.

Après avoir déjeuné à l'hôtel, fort primitif du reste, qui se trouve sur le « Crescent », nous hélons de petites voitures à tente, pour aller jusqu'à la vieille cité arabe, située dans la montagne, à six kilomètres du port.

« *East does not change* », me disait, il y a quelques instants, l'aide de camp du gouverneur. Il me semble, en effet, en montant la route poussiéreuse du col, que rien n'a changé dans ce pays depuis notre dernier passage, en 1902. Aujourd'hui, comme alors, les petits Abyssins ou Somalis poursuivent nos voitures en criant : *bakchich! bakchich!* Les Arabes, juchés sur leurs chameaux, sont toujours aussi fiers et indifférents, et les Juifs sont restés fidèles à leur calotte noire, à leurs petites tresses de cheveux qui pendent sur les oreilles.

C'est toujours le même défilé de chariots traînés par des bœufs à grandes cornes, de chameaux supportant d'énormes cargaisons vacillantes, et de petits ânes, montés par des indigènes noirs, dont les jambes maigres traînent jusqu'à terre ; le même va-et-vient de piétons indigènes, de femmes arabes voilées, de Nubiennes noires comme de l'ébène ou de femmes Somalis, au corps sculptural.

On voudrait s'arrêter à chaque pas pour photographier tous ces types curieux et pittoresques; mais la chose n'est pas aisée, car tous les indigènes se dérobent ou se cachent la figure dès qu'ils aperçoivent un kodak. Le Coran défend la reproduction des traits de l'homme fait à l'image de Dieu.

Du haut de la côte, on a une vue étendue sur le port et la baie d'Aden. Le col est fortifié et gardé par de grands gaillards de soldats hindous, de la tribu des Sikhs, en uniformes kaki et turbans rouges.

Puis la route s'engage dans une gorge étroite, au sortir de laquelle on aperçoit la ville arabe, au fond d'un amphithéâtre de montagnes aux formes de volcans. En bas de la vallée, devant des casernes blanches qui paraissent neuves, des soldats hindous font l'exercice, en plein soleil.

A l'entrée de la ville indigène, une grande place, qui servait autrefois de marché aux chameaux, une des curiosités de l'endroit, est aujourd'hui déserte. Les chameliers et leurs bêtes ont été relégués plus loin, sans doute par mesure d'hygiène.

Dans les rues, bordées de maisons basses, la foule est plus bigarrée que jamais, et les restaurants primitifs sont bondés de clients indigènes, coiffés du fez ou du turban, qui fument, tout en dégustant leur petite tasse de café. Le voyageur se sent transporté, ici, en plein monde oriental.

Aden, autrefois une cité commerciale florissante et renommée par ses fortifications, perdit beaucoup de

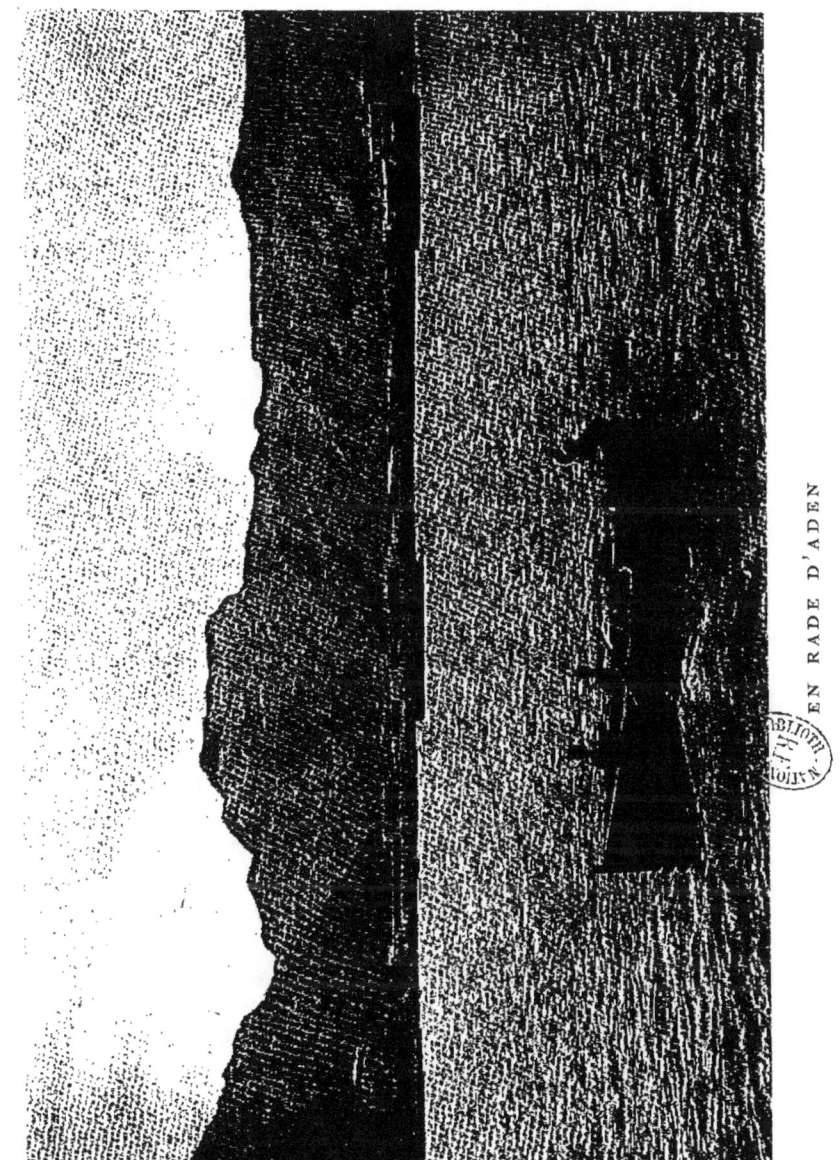

EN RADE D'ADEN

son importance après la découverte de la route des Indes par le Cap. Une série de guerres achevèrent sa ruine. Elle passa, en effet, successivement entre les mains des Portugais, des Turcs et des chefs des tribus arabes environnantes. Quand les Anglais s'y établirent, en 1835, la ville ne comptait plus que 6 000 habitants, et seules les constructions colossales des citernes attestaient encore son ancienne prospérité.

On sait que, durant les vingt premières années de l'occupation anglaise, les tribus guerrières du voisinage reprirent l'offensive à plusieurs reprises. Les Anglais furent forcés, pour consolider leur domination, d'organiser de nombreuses expéditions militaires à l'intérieur du pays. Cependant, l'ouverture du canal de Suez a redonné à la ville d'Aden un certain essor commercial. Son port — qui est excellent — est devenu une station de charbonnage importante, et, en tant que place forte, la presqu'île d'Aden mérite sa dénomination de Gibraltar de l'Est.

Aujourd'hui, la ville arabe compte environ vingt mille habitants. Les Arabes et les Somalis s'y trouvent en nombre à peu près égal. Tandis que l'Arabe est calme, vigoureux et bon travailleur, le Somali est d'un tempérament irritable et a l'humeur trop vagabonde pour s'astreindre à un travail régulier. Aimant la guerre par-dessus tout, les Somalis font d'excellents soldats et se battraient pour le plaisir de guerroyer, contre n'importe quel ennemi.

Tous les « sportsmen » qui ont employé des Somalis dans leurs expéditions de chasse vantent leur courage et leur dévouement.

Il nous fallait bien revoir les fameuses citernes, dont la construction remonte, paraît-il, au sixième siècle. Comme il n'a pas plu à Aden depuis cinq ans, elles ne contiennent, pour le moment, pas une goutte d'eau. Le stuc dont leurs parois sont recouvertes reluit au soleil comme du marbre blanc. Il suffit, néanmoins, d'une seule averse pour que l'eau se précipite à flots dans ces énormes réservoirs, si ingénieusement disposés entre les rochers d'une gorge sauvage. Ils peuvent accumuler jusqu'à 8 millions de gallons (environ 36 millions de litres d'eau). De nombreux condensateurs suppléent aujourd'hui, régulièrement, à la consommation d'eau potable de la population.

Nous rentrons au port par la route qui mène, à travers un long tunnel creusé dans le roc, à l'isthme fortifié dont les remparts furent si souvent exposés aux assauts des guerriers arabes. Près de là, d'anciennes casernes servent encore d'abris aux chameliers. Elles ont été abandonnées parce que les soldats y mouraient comme des mouches.

Nous traversons ensuite le village pittoresque de Maala, autrefois renommé pour la construction de ses barques et qui est resté le centre du commerce maritime indigène.

La végétation et la culture de la terre étant inconnues à Aden, on se demande de quoi subsistent ses habitants. Abstraction faite des poissons, qui abondent dans les eaux voisines, tous les produits alimentaires et tous les animaux de boucherie sont importés, soit de l'intérieur de l'Arabie, soit d'Afrique. L'Égypte fournit les fruits et l'Inde le riz, la farine et les céréales. A part cela, Aden, au point de vue climatérique, n'est pas aussi désagréable ni aussi malsain qu'on pourrait le supposer. Ce qui en rend le séjour pénible à l'Européen, c'est plutôt l'absence totale de verdure. Il ne trouve pas une tache sombre où reposer sa vue fatiguée par l'éblouissante clarté du soleil. Il n'y a, d'ailleurs, guère plus de 200 blancs à Aden et peut-être une trentaine de femmes européennes.

Les Anglais, gens pratiques, on le sait, partout où ils s'installent transportent avec eux — et c'est ce qui fait leur force — le genre de vie et les habitudes sportives qui leur sont chers. Ils sont ainsi parvenus à faire de ce coin perdu au milieu des rochers et des sables de l'Arabie une station où la vie est assez supportable. Rien n'y manque : golf, tennis, polo, tir aux pigeons, courses de chevaux, régates.

Plusieurs clubs, fort bien installés, servent de lieux de rendez-vous aux coloniaux, et les femmes des officiers de la garnison ou des employés du gouvernement ne craignent pas de venir séjourner à Aden une partie de l'année.

Elles y trouvent, aujourd'hui, suffisamment de distractions, dans un cadre original non dépourvu d'un certain charme. Sur la plage, l'heureuse installation d'un établissement de bains, entouré d'un treillis, nous permet de plonger dans la mer, sans courir le risque d'être happés par les requins.

L'intérieur du pays abonde en perdrix, canards sauvages, grouses et gazelles; tandis qu'une traversée de quelques heures met le chasseur en Abyssinie et au pays des Somalis, à portée de vastes champs d'expéditions, riches en fauves et gros gibier de toutes sortes.

Une jeune miss, qui m'exposait les agréments du séjour à Aden, ajouta en souriant : « Et puis, quand nous nous ennuyons, il nous reste toujours la ressource d'aller ramasser des coquillages ou d'attraper des papillons. »

On nous fit assister, à titre de curiosité locale, à la revue d'un escadron mixte, composé de 50 chevaux et de 50 chameaux montés par des Hindous, sous les ordres d'un officier anglais.

Dans sa jolie résidence, située sur un promontoire dominant la baie, continuellement caressé par la brise marine, le gouverneur d'Aden a convié à dîner le grand-duc et sa suite, le commandant et plusieurs officiers de l'*Aurora*. Lady Bell et ses deux nièces font les honneurs de la maison, avec cette gracieuse simplicité qui vous met si vite à l'aise dans les familles anglaises.

De son côté, le major général, un fort bel homme, très accueillant, nous amuse par son entrain et sa jovialité.

Parmi les invités, pour la plupart des officiers de la garnison avec leurs femmes, nous retrouvons M. Ries, le consul de France, chargé aussi de représenter la Russie. Marseillais d'origine, il occupe le poste d'Aden depuis quinze ans. Il me dit que sa famille le rejoint ici chaque année, en octobre, et y reste jusqu'en avril. Durant cette époque, l'atmosphère est tempérée par la mousson nord-est, un vent sec, qui vient des déserts de l'Arabie. Le thermomètre oscille alors entre 25 degrés centigrades durant la nuit et 32 degrés le jour.

Après le dîner, le général Bell emmène ses invités au club voisin de l'embarcadère. La soirée est délicieuse, presque fraîche. Nous y sommes accueillis très aimablement par les principaux membres de la colonie, et tandis que les gens d'âge mûr prennent place en vue de la mer, sur les fauteuils de la terrasse, la jeunesse se met à valser aux sons d'un orchestre militaire, dans la salle ventilée par d'énormes pankas.

Le lendemain, le grand-duc offrait, à bord de l'*Aurora,* un déjeuner auquel il avait invité vingt personnes, parmi lesquelles le gouverneur, le consul et leurs familles, ainsi que les autorités de la ville.

30 octobre. — L'*Aurora* vogue maintenant sur l'océan Indien, en route pour Ceylan.

Après les journées animées d'Aden, nous avons repris notre vie de marins, soumise à la règle et aux exercices coutumiers à bord des bâtiments de guerre.

Les petits poissons volants, hôtes accoutumés de ces parages, font l'étonnement des jeunes matelots. A chaque instant, vous en voyez qui décrivent de grandes trajectoires à la surface des eaux.

Le deuxième jour, nous longeons l'île sauvage de Sokotra, dont les montagnes pelées se perdent dans les nuages. La population en est, paraît-il, fort peu hospitalière. Pas plus tard que l'an dernier, un bateau de commerce, qui eut le malheur d'échouer sur cette côte aride, eut beaucoup de mal à défendre sa cargaison contre les attaques de ces pirates.

Depuis notre départ de Suez, le commandant a autorisé les officiers à placer sur la dunette des chaises longues en osier et des fauteuils pliants. C'est ici, à l'ombre d'une tente, que nous passons une bonne partie de la journée à lire ou à causer. On peut aussi venir s'y installer pour la nuit, sur un lit de camp, lorsque la température des cabines est par trop étouffante.

Notre pope, brave homme à figure sympathique,

LE CROISEUR CUIRASSÉ RUSSE « AURORA »

LE GRAND-DUC BORIS ET LE COMTE GRABBE

compte parmi les plus fidèles habitués de ce coin du pont supérieur. Malgré la chaleur ambiante, il porte, comme ses congénères en Russie, les cheveux longs et la barbe inculte. Le dimanche et les jours de fête, il revêt son manteau sacerdotal brodé, et officie, secondé par un chœur composé de matelots.

Quant aux officiers et aux hommes de l'équipage, ils n'ont que fort peu de temps libre. La journée commence de bonne heure par la toilette du bateau. A huit heures, pendant la cérémonie de la levée du drapeau, la musique joue le *Boje Tsaria Krani*, l'hymne national russe. Aussitôt après, les exercices commencent. Tantôt c'est le branle-bas du combat,— tous les hommes se précipitent à leur place assignée, auprès des pièces de tir, — tantôt le signal de l'incendie, ou bien encore la manœuvre des bouées de sauvetage, qu'annonce un coup de canon. Plusieurs heures sont consacrées aussi à l'instruction des jeunes matelots ou à la gymnastique.

A la minute exacte où le soleil disparaît à l'horizon — moment d'une beauté rare dans les mers tropicales — a lieu la cérémonie de la descente du drapeau.

A huit heures, avec la prière du soir, la journée est terminée. Alors les matelots qui ne sont pas de quart vont chercher leur sac et s'apprêtent à dormir, chacun dans son coin, ou suspendus dans des hamacs.

Au mess des officiers, la vie continue plus avant

dans la nuit. A neuf heures, on se groupe autour d'un immense samovar pour prendre le thé. C'est l'heure des causeries, des parties de dominos ou d'échecs, car les jeux de cartes sont strictement défendus à bord.

Les jours s'écoulent ainsi et se ressemblent; mais leur monotonie n'est qu'apparente. Suivant l'heure ou le vent, la mer présente continuellement de nouveaux aspects, qu'on ne se lasse pas de contempler.

Cependant la température augmente graduellement, les averses se multiplient et l'humidité commence à pénétrer partout.

Enfin, au soir de notre sixième jour de navigation, apparaît le phare de Mini Koï, île voisine de la péninsule des Indes. Dans douze heures, nous serons en vue de Ceylan.

CHAPITRE II

A CEYLAN

Arrivée à Colombo. — La ville blanche. — Promenade à Mount-Lavinia. — Les Çingalais. — Le bouddhisme. — Excursion à Kandy. — Le jardin de Péradénia. — En automobile de Kandy à Colombo.

6 novembre. — La mer est agitée par une forte brise. A l'horizon lointain, l'île de Ceylan surgit des flots azurés comme un bouquet de verdure frangé d'écume blanche.

Voici les premiers « catamarans », pirogues à balancier, dont la stabilité est si remarquable qu'elles peuvent se risquer au large, à une grande distance de la côte. Par moment, elles disparaissent complètement entre les vagues.

L'*Aurora* mouille près du grand môle qui protège le port contre les assauts de la mousson.

Après la visite de notre consul, M. Tchokoff, le grand-duc reçoit celle de sir Hughes Clifford, secrétaire colonial et gouverneur de l'île en remplacement de sir Mac Callum, parti pour les fêtes du Durbar. Il accoste notre croiseur dans une élégante embarcation montée par des rameurs indigènes, vêtus de blanc et coiffés de fez rouges, et propose au grand-duc de venir, dans quelques jours, à Kandy.

Le baron Ungern Sternberg est enchanté de rencontrer un de ses camarades de régiment, le lieutenant Nagornoff, qui fait un voyage d'agrément aux pays chauds.

Enfin, le moment est venu où le *moto-boat* nous dépose sur la *Jetty*, vers laquelle convergent d'innombrables embarcations.

Dix années se sont écoulées depuis que le grand-duc a visité Ceylan pour la première fois, et pourtant, au premier abord, il semble que rien n'ait changé. La lumière chaude qui se dégage de la terre rouge sang, des maisons blanches, d'une végétation qui varie à l'infini dans sa forme et les gradations de ses teintes, tout contribue à griser les sens du voyageur, dès qu'il pose le pied sur cette île incomparable.

Nous sommes descendus de nouveau au *Galle Face Hotel*, établissement renommé dans tout l'Orient, à cause de sa position charmante au bord de la mer, à l'extrémité sud de l'Esplanade, et aussi pour le confort qu'on y trouve.

* * *

Il est six heures et demie du matin.

Le boy çingalais de l'étage est entré doucement

LE DÉBARCADÈRE A COLOMBO

dans ma chambre pour m'apporter la traditionnelle tasse de thé et le pain beurré qu'on vous sert toujours, ici, à votre réveil pour que votre estomac puisse patienter jusqu'au « breakfast ». Des corneilles croassent et voltigent devant ma fenêtre, en guettant le moment où je tournerai le dos pour venir saccager le plateau du déjeuner.

En bas, sur le bord de la route du Mount-Lavinia, les traîneurs de « rikshas » (1) discutent bruyamment entre eux, en attendant le client matinal.

Au delà des massifs de verdure du Victoria Park, le soleil vient de se lever derrière les montagnes que domine la grande pyramide effilée du Pic d'Adam. Rien n'est délicieux comme les premières heures du jour dans les pays tropicaux. La vie commence tôt à Colombo. Profitant de la fraîcheur matinale, cavaliers et amazones partent gaîment en promenade. C'est aussi le moment où les nurses çingalaises promènent les bébés, un peu pâlots, au bord de la mer; où les bataillons de soldats hindous, en uniformes kaki et turbans rouges, s'exercent sur l'Esplanade, commandés par des officiers anglais.

En revoyant, sur la route, les chariots attelés de petits bœufs noirs à grandes cornes, le défilé silencieux des rikshas, des bicyclistes et des piétons indigènes qui se rendent d'un pas léger à leurs occupa-

(1) Voiturettes légères, composées d'une chaise à capote, reposant sur deux grandes roues, et traînées par un indigène.

tions journalières, il nous semblait que nous n'avions jamais quitté l'île. Cependant, le ronflement, alors insolite, d'une automobile nous rappelle que l'Européen d'aujourd'hui aime à brûler l'espace, même en Orient, où tout prédispose pourtant à une existence douce et tranquille.

Notre première préoccupation, dans la matinée, fut de courir les magasins pour compléter notre équipement tropical. Tous les globe-trotters connaissent le grand bazar de la maison Cargill et Cie, où l'on trouve tout ce qu'on veut et à meilleur marché qu'à Londres.

Depuis notre dernier passage, le G. O. H., c'est-à-dire le *Grand Oriental Hotel,* situé près du débarcadère, s'est agrandi d'une aile immense. A certaines époques de l'année, le passage des touristes à Colombo est si considérable que les hôtels existants ne suffisent plus à les héberger. Beaucoup de personnes sont forcées de rester à bord des paquebots, faute de trouver en ville une chambre pour la nuit.

L'animation est grande jusqu'à midi dans cette partie de la ville européenne qu'on appelle le « Fort », et où se trouvent réunis les banques, les agences, la poste et les divers « offices » du gouvernement.

Parmi les nouvelles constructions, j'ai remarqué le vaste bâtiment du télégraphe et un hôpital, élevé en mémoire de la reine Victoria, pour les indigènes malades des yeux.

Mais c'est surtout du côté de Victoria Park et du

faubourg de Colpetti que la ville européenne a pris le plus d'extension. De larges avenues ont été tracées, de vastes espaces défrichés et assainis, et vous voyez actuellement de ravissants « bungalows » (ou maisons de campagne) entourés de jardins fleuris ; un champ de courses ; des clubs de sport, au lieu et place de la forêt marécageuse.

Un Anglais, qui habite Colombo depuis de longues années, m'a raconté qu'il avait trouvé un soir, en rentrant chez lui, un cobra, dangereuse vipère, dans sa salle à manger. Des surprises de ce genre sont rares depuis que la jungle n'arrive plus aux abords immédiats de la ville.

« Tout a bien changé, du reste ! — ajouta le vieux planteur avec regret. Autrefois les indigènes s'écartaient toujours de notre chemin ; maintenant ils nous coudoient, sans façon, sur le même trottoir, et on ne peut plus les toucher qu'avec des gants. Ce n'est plus du café, ni du thé que nos jeunes gens veulent cultiver à Ceylan ; mais du caoutchouc, histoire de gagner plus vite une fortune ! »

Il était tout indiqué de refaire la charmante promenade du Mount-Lavinia.

La grande route ombragée qui traverse la forêt de cocotiers est toujours bordée d'échoppes garnies de fruits et de friandises orientales. Dans la foule pittoresque des Çingalais, Tamils, Hindous et Maures, vous reconnaissez, à leurs vêtements européens et à leur teint olivâtre, les métis ou descendants des premiers colons portugais et hollandais.

Sur une longueur de plusieurs kilomètres, on ne voit, des deux côtés de la route, que de jolis bungalows enfouis sous la verdure. Dans la courte lumière du crépuscule, les grosses feuilles jaunâtres des canneliers conservent comme le reflet des derniers rayons du soleil couchant. Il faut avoir parcouru cette avenue, quand le feuillage délicat des tamarins, des mauves arborescentes et les contours élégants des palmiers se dessinent sur le fond d'un ciel orangé, pour apprécier toute la beauté du paysage tropical.

Le petit hôtel du Mount-Lavinia est perché sur un promontoire entouré de cocotiers. Tandis que nous prenons le thé sur la terrasse, en vue de la mer, la foudre éclate et illumine subitement la forêt. Nous n'avions pas vu, derrière nous, les gros nuages qui s'étaient amoncelés du côté des montagnes.

Si radieuses que soient les matinées, il faut nous attendre, chaque soir, à quelque orage. Aussi l'atmosphère est-elle saturée d'humidité et rend-elle la chaleur très pénible à supporter. Les mois de novembre et de décembre sont, à Ceylan, la saison des pluies.

Malgré la pluie battante, nous rentrons au *Galle Face Hotel,* où le grand-duc a invité, pour dîner, notre consul et plusieurs officiers de l'*Aurora.*

La grande salle à manger blanche, remplie de

EMBARCATION ÇINGALAISE ET L'HÔTEL DU MOUNT LAVINIA

monde élégant, présente le plus brillant aspect. Une armée de boys çingalais, vêtus de blanc, courent pieds nus autour des tables, discrètement éclairées par de petites lampes multicolores cachées sous des touffes de fleurs tropicales.

Vous ne remarquez pas, ici, les odeurs de victuailles et de tabac spécifiques à nos restaurants européens; car la brise pénètre partout dans la salle grande ouverte sur la mer et ventilée, en outre, par d'innombrables ventilateurs électriques.

Le café est servi sur la pelouse de la terrasse en face de la mer, où de confortables fauteuils vous invitent aux rêveries nonchalantes sous un ciel dont les étoiles brillent comme des diamants.

Les amateurs de billard ou de bridge se donnent ensuite rendez-vous au Colombo-Club, sur l'Esplanade, pour y terminer la soirée.

Plusieurs jours s'écoulèrent ainsi de la façon la plus agréable, en promenades et excursions en automobile aux environs de Colombo.

On a dit de Ceylan que c'était par excellence l' « île éternellement verte »! Du sommet de certaines collines avoisinantes, la ville elle-même disparaît sous un dôme de verdure.

Le grand-duc fréquente assidûment le Garden-Club où, malgré la chaleur humide et suffocante, un joli pavillon entouré de seize courts de tennis bien ombragés, sur une pelouse irréprochable, réunit, à l'heure du thé, l'élite de la société anglaise de Colombo.

Un matin, le comte Grabbe, Wielopolski et moi, nous résolûmes de parcourir à pied la forêt de cocotiers qui s'étend jusqu'au Mount-Lavinia, pour voir de plus près les habitations et la façon de vivre des indigènes.

Il faut distinguer deux éléments principaux dans la population de l'île. La majorité est composée de Çingalais, fidèles adeptes de la doctrine bouddhique, tandis que les Tamils ou Malabars, venus du sud des Indes, appartiennent à la race dravidienne et pratiquent la religion brahmanique. Ces derniers sont facilement reconnaissables à la couleur plus noire de leur peau. Les mieux instruits, parmi eux, ont adopté le costume européen et font d'excellents comptables et garçons de bureau.

Leurs frères plus ignorants sont employés aux gros travaux.

L'île renferme, en outre, un certain nombre de Maures ou descendants des Arabes, qui s'occupent plus spécialement du petit commerce et remplacent l'élément juif.

Les Çingalais, originaires du nord des Indes, avaient atteint à Ceylan un haut degré de civilisation; ainsi que l'attestent les ruines grandioses des vieilles capitales Anuradhapura et Polonnaruwa. Ils ont la peau brune, couleur de cuir, sont d'une complexion plus délicate et s'adonnent de préférence aux travaux agricoles. Tous portent les cheveux relevés en chignon, et fixés derrière la tête par un large peigne d'écaille, ce qui leur donne un vague air féminin qu'accentuent encore les traits peu virils de leur visage.

Au sein d'une nature aussi prodigue, avec un effort minime, l'indigène peut se procurer le peu de riz, les poissons et les fruits dont il a besoin pour se nourrir. Rien d'étonnant qu'il soit resté avant tout homme de la nature, et qu'il ne songe pas à travailler davantage pour acquérir un luxe auquel il ne tient pas. Fidèle à ses traditions, il continue à mener une vie contemplative et purement idyllique.

Pour tout vêtement, il porte une longue pièce de cotonnade ou « sarong », enroulée autour des hanches, ou, quand il travaille, un simple morceau d'étoffe semblable à un caleçon de bain.

Les Çingalais sont très tendres envers leurs enfants et leurs parents âgés; mais la douceur de leur caractère n'est qu'apparente. On les dit vindicatifs et cruels, et s'ils se feraient plutôt battre que de tuer un animal, — fidèles en ce point aux préceptes de leur religion, — ils ne se font guère de scrupule de tourmenter les bêtes.

Quant aux femmes çingalaises, elles sont extrêmement gracieuses. La finesse de leurs attaches, l'harmonie des proportions et la sveltesse de leur corps permettent de les comparer à de charmantes statuettes de bronze. Il faut admirer, aussi, les lignes irréprochables du cou, de l'épaule et du buste, et leur chevelure noire remarquablement fine. Le regard de leurs grands yeux veloutés nous cache une âme mystérieuse et inconnue.

Les huttes primitives des Çingalais, disséminées dans la forêt de cocotiers, sont construites en terre durcie et recouvertes d'énormes feuilles de palmiers talipots. Quelques nattes et des écuelles en constituent tout le mobilier.

Mis en émoi par notre approche, et peu habitués, sans doute, à voir des étrangers, des chiens se précipitent à nos trousses, en nous montrant les dents. Au seuil des portes, des enfants, nus comme des vers, nous contemplent avec un étonnement mêlé d'effroi. Là, un indigène, agile comme un singe, grimpe en quelques secondes au sommet d'un arbre. A coups de hache il abat des noix de coco, qui tombent lourdement sur le sol humide de la forêt. Il dégringole après elles et les fend pour nous en faire goûter le suc laiteux et rafraîchissant. Plus loin, nous effarouchons une jeune femme qui, surprise dans ses ablutions matinales au bord d'un petit bassin, se sauve précipitamment dans sa hutte.

Malgré une chaleur d'étuve, nous continuons notre pérégrination à l'ombre des cocotiers, dont les feuilles pennées laissent filtrer les rayons du soleil.

FEMME ÇINGALAISE

La forêt n'a rien de sombre ni de triste et présente, à chaque pas, quelque nouveau tableau pittoresque de la vie indigène.

Enfin, notre sentier nous amène aux portes d'un petit temple, qu'un gardien nous fait visiter. Les peintures modernes, de couleurs criardes, jaunes, rouges et brunes, dont les murs sont ornés, représentent des scènes de la vie du Bouddha et n'ont aucune valeur artistique.

Après avoir subsisté durant treize siècles aux Indes, son pays d'origine, côte à côte avec le brahmanisme, le bouddhisme en a presque entièrement disparu aujourd'hui. On ne le rencontre plus qu'au Népaul et dans certains districts montagneux de l'Himalaya. Il s'est maintenu, par contre, comme religion dominante à Ceylan, ainsi qu'en Birmanie, au Siam et au Cambodge, en s'éloignant relativement peu de la doctrine primitive, telle qu'elle fut prêchée par Gautama, le fils du roi de Kapilavastu.

A l'origine, le bouddhisme est moins une religion qu'un système philosophique, basé entièrement sur des lois naturelles et renfermant d'excellents préceptes de morale, d'humanité et de charité. Il ne reconnaît pas de dieu et n'admet pas l'immortalité personnelle. La prière, qui s'est introduite plus tard dans le culte, n'était pas recommandée par le Bouddha. En se substituant à la religion brahmanique, le bouddhisme lui emprunta, tout en la modifiant, la doctrine de la transmigration de l'âme et il ne porta aucunement atteinte aux dieux hindous. Les bouddhistes enseignent qu'en menant une vie d'abnégation et d'abstinence, l'homme peut s'affranchir de tout désir sensuel, de toute passion, et ainsi raccourcir la série des réincarnations auxquelles son âme est soumise avant d'atteindre l'éternel repos ou Nirvâna, la plus haute récompense d'une conduite vertueuse. Ils prêchent la tolérance envers les adeptes des autres religions et recommandent de ne faire de mal à personne, pas même aux animaux.

On évalue, aujourd'hui encore, les nombre des bouddhistes à 470 millions, chiffre que n'atteignent les fidèles d'aucune autre religion.

Notre consul, M. Tchokoff, dont nous connaissions la large hospitalité depuis notre premier voyage à Ceylan, nous a tous invités, le soir, à dîner. Ce fut un vrai festin moscovite qu'il nous offrit dans son joli bungalow, situé en dehors de la ville, sur les bords d'un petit lac entouré de palmiers.

Le jour de notre excursion projetée, à *Kandy*, est arrivé.

Le grand-duc Boris, qui a passé la nuit à bord de l'*Aurora*, est reçu à neuf heures du matin, sur la *Jetty*, avec les honneurs officiels, par le secrétaire colonial sir Hughes Clifford et les autorités civiles et militaires de Colombo. Une compagnie de superbes soldats hindous, du régiment des Rajputs, présente

PRÊTRE BOUDDHISTE

les armes, tandis qu'une musique militaire joue l'hymne national russe.

Des automobiles nous emmènent ensuite à la gare de Maradena où un train spécial, composé de plusieurs wagons-salons, attend le gouverneur et ses invités.

Nous voyageons agréablement, sans trop souffrir de la chaleur, en compagnie de l'aide de camp capitaine Stevenson et de sir S. D. Banderanaïka, un bel homme de Çingalais, en uniforme brodé, et qui parle très bien l'anglais. Il descend directement des anciens rois de Kandy et remplit les fonctions d'aide de camp du gouverneur dans ses rapports avec les indigènes, dont il est l'interprète attitré.

La plaine basse de Ceylan, que nous parcourons tout d'abord pendant deux heures, a un aspect tout particulier. Elle tient, en effet, à la fois de la forêt et du jardin. On pourrait la croire inhabitée, car les villages et les hameaux indigènes disparaissent entièrement dans les bouquets de cocotiers et de bambous. Beaucoup de plantations et de rizières sont submergées. Il a dû tomber beaucoup d'eau, ces dernières semaines, dans les montagnes, dont les sommets sont continuellement enveloppés de lourds nuages.

Bientôt la voie ferrée s'élève, en décrivant des lacets sinueux, dans une région de forêts sauvages; elle longe les flancs d'une large vallée, tapissée d'une exubérante végétation, se suspendant, par endroits, aux parois abruptes de rochers noirâtres et suintants, du haut desquels des cascades se précipitent dans des gorges étroites. C'est un trajet d'une beauté rare. Au sortir de chaque tunnel, les yeux sont charmés par quelque vision grandiose et pittoresque de la montagne ou de la vallée.

Kandy, l'ancienne capitale du royaume, est enclavée dans la montagne, au bord d'un petit lac, à 1 800 pieds au-dessus du niveau de la mer. Les autorités locales se sont rassemblées sur le perron de la gare pour saluer le grand-duc qui, escorté de la garde du corps du gouverneur, traverse la ville en équipage, au milieu d'une haie de curieux.

Au King's Cottage, la résidence du gouverneur, nous sommes reçus par lady Clifford et sa fille. Au cours de sa carrière, sir Hughes Clifford a rempli des postes importants et difficiles dans la péninsule malaise. Il connaît bien les pays tropicaux et s'est fait, en outre, un nom dans la littérature, en publiant diverses études remarquables ainsi que des romans historiques.

Le lunch est servi par de superbes serviteurs çingalais, en costume blanc et rouge brodé de galons d'or.

Nous allons goûter d'un véritable « rice-curry » à l'indienne. Je n'avais jamais vu de plat de riz aussi plantureux ! Il était, en effet, agrémenté de plus de vingt mets accessoires, consistant en ragoûts assaisonnés de poivre de Cayenne, oignons, sauces végétales très piquantes, poissons desséchés et mollusques divers. J'allais oublier les crevettes, les œufs d'oursins, les pâtisseries légères, faites avec des œufs de tortue, et toute une collection de racines et de fruits inconnus au voyageur venant d'Europe. Il s'agit de faire un heureux choix de tous ces condiments, de les bien mélanger avec le riz et d'avaler le tout, sans faire de grimace, ce qui n'est pas facile quand le gosier vous brûle.

Mieux vaut, nous dit-on, ne pas boire en mangeant de ce plat épicé, et attendre patiemment que votre haleine, en respirant, finisse par vous rafraîchir le palais, ce qui vous dispense d'absorber des liquides. Les vieux coloniaux prétendent que ce « rice-curry » est le mets le plus approprié aux climats chauds, où l'estomac ne saurait se passer de stimulants.

Ai-je besoin d'ajouter qu'un plat de curry tient lieu de tout un déjeuner? Le reste du menu vous paraît absolument superflu.

En sortant de table, le gouverneur nous fait les honneurs de son parc, qui est magnifique et offre une grande variété de plantes rares. On peut s'y promener agréablement sous des tonnelles de verdure et à l'ombre d'arbres gigantesques.

Nous sommes logés, le baron Ungern Sternberg et moi, dans un petit pavillon séparé, situé tout en bas du jardin. Espérons que les scorpions et les serpents ne viendront pas nous y faire visite.

Dans le milieu de la journée chacun fait la sieste, puis, à l'heure du thé, on se réunit sur les courts du tennis. Tous ces messieurs de l'entourage du gouverneur sont d'excellentes raquettes, et grâce à la légèreté de l'air à cette altitude, la partie se joua, ici, avec incomparablement plus d'entrain que dans la plaine, où la chaleur est si accablante que chaque mouvement vous coûte un effort.

Pour le dîner, sir Hughes Clifford et son « staff » (état-major) ont revêtu, en l'honneur de leur hôte princier, l'habit à larges revers de soie bleu clair et la culotte courte, tenue du soir correspondant, dans les colonies, à celle qui est de rigueur à Londres pour les réunions mondaines où assiste le roi.

Pendant que nous prenons le café, plusieurs centaines d'indigènes se sont groupés sur la terrasse, à la lumière des torches, pour nous offrir le spectacle de danses mystiques plus ou moins sauvages dont les curieuses pratiques se sont conservées jusqu'à nos jours dans ces districts de montagnes.

Au son des tambourins, des musettes et des gongs, nous assistons, successivement, aux « danses du Temple », composées d'une série de mouvements exécutés lentement avec un ensemble parfait. C'est ensuite le tour des « danses mahométanes », dansées en rond par des Maures, armés chacun de deux

DANS LE PARC DE KING'S COTTAGE

CHEZ LE CONSUL DE RUSSIE

bâtons, qu'ils frappent en mesure l'un contre l'autre. A ces divertissements succèdent les évolutions originales d'hommes déguisés en femmes.

Les Çingalaises ne prennent pas part à ces danses.

Mais voici le clou de la représentation. Des hommes masqués, revêtus de plaques et d'ornements métalliques, entrent en scène, s'agitent frénétiquement et se mettent à évoquer les mauvais esprits, par des mouvements et des sauts désordonnés. Ce sont les fameuses *devil dances* ou danses du diable, spécifiques à l'île de Ceylan. A cause des excès qu'elles provoquent souvent, elles ne sont plus tolérées que sous l'œil protecteur de la police anglaise.

Au cours du spectacle, de véritables chefs de village, coiffés de bonnets blancs en forme d'assiettes, sont présentés au grand-duc et lui souhaitent, par l'intermédiaire d'un drogman, beaucoup de bonheur et un bon voyage.

Le lendemain matin, nos compagnons de voyage allèrent visiter le célèbre temple de Malagawa, où des milliers de pèlerins viennent, chaque année, révérer la dent du Bouddha. Quant au grand-duc, après avoir pris congé de l'aimable maîtresse de maison, il monte, avec le gouverneur et moi, en automobile pour retourner, par la route, à Colombo.

La matinée est radieuse. Dans les rues de la petite ville, nous croisons une procession de mendiants et d'estropiés, qui se dirigent vers le temple pour y faire leurs dévotions. Pénétrant ensuite dans le parc de Péradénia, nous parcourons lentement ses magnifiques avenues de vieux arbres à caoutchouc, de bambous hauts de cent pieds et de merveilleux palmiers.

Des troupeaux de vaches broutent paisiblement sur des pelouses argentées par la rosée de la nuit. Nous admirons, en passant, les jolis pavillons couverts de plantes grimpantes, les buissons de feuilles panachées des couleurs les plus délicates, les parterres fleuris, sur lesquels s'ébattent des centaines de papillons, les fruits bizarres des arbres d'essences diverses, en un mot toutes les merveilles de la flore tropicale, qui font de ce coin de terre certainement un des plus beaux jardins qui soient au monde.

Après avoir traversé le pont sur la rivière de Mahaweli, dont les eaux limpides contournent le parc et le séparent des collines avoisinantes, nous regagnons la grande chaussée de Colombo.

Il y a des routes si pittoresques que c'est vraiment dommage de les parcourir en automobile. Elles font regretter le *mail-coach* ou la bonne vieille chaise de poste, avec son allure plus modérée et ses relais variés. La route que nous suivons est un vrai kaléidoscope d'échappées magnifiques sur la vallée, de décors imposants de montagnes, et des plus charmants tableaux que puisse vous offrir la nature tropicale. On voudrait s'arrêter à chaque instant pour mieux jouir du paysage ; mais, en tous pays, les chauffeurs sont aveugles et ne songent qu'à dévorer l'espace. Le regard ne peut plus se fixer sur rien, et la vision est maintenue, par la vitesse, dans une tension perpétuelle.

Heureusement qu'à l'approche des villages la circulation est entravée par les indigènes, qui stationnent devant les échoppes de fruits, et par des groupes d'enfants qui se vautrent dans la poussière de la route. Des chiens très maigres, ignorants du danger, se lèvent nonchalamment, au risque de se faire écraser, tandis que des troupeaux de petits cochons, panachés de noir et de rose, déguerpissent, effarés, au bruit de la sirène. Il n'en est pas de même des buffles, qui se laissent frôler sur les bords du chemin, sans faire un mouvement. Plus loin, nous pensons avoir écrasé un lézard, long d'un mètre. A notre grand étonnement, il continua son chemin, sans paraître affecté de ce que les roues lui ont passé sur le corps.

Arrivés dans la plaine, le paysage devient plus uniforme. Avec ses forêts de cocotiers envahies par les eaux, ses prairies submergées, il nous rappelle les descriptions que les savants naturalistes se plaisent à nous faire de l'époque diluvienne.

Enfin, voici les premières maisons des faubourgs indigènes de Colombo. Il nous a fallu trois heures et demie pour franchir la distance qui sépare Kandy de la nouvelle capitale.

Avant de quitter Colombo, le grand-duc désira

faire entendre notre excellent orchestre de marins à la société de l'hôtel Galle-Face. Quand il s'agit de faire un tour de valse, les misses anglaises ne se préoccupent pas de la chaleur ambiante. On y danse tous les samedis, et ce soir-là, grâce à cette musique d'élite, la fête eut un entrain inaccoutumé.

Cependant, à minuit précis, selon les prescriptions de la police, l'hymne national *God save the King*, que tout le monde écoute debout, suivi cette fois de l'hymne national russe, annonce à la jeunesse dansante que le bal est terminé. C'est aussi l'heure à laquelle le bar ferme ses portes au nez des planteurs au visage émerillonné par de nombreux whisky-soda.

Le lendemain, sur l'invitation du grand-duc, le gouverneur et sa famille vinrent déjeuner à bord de l'*Aurora,* dont le départ est fixé à deux jours plus tard, au 14 novembre.

CHAPITRE III

AUX INDES NÉERLANDAISES

Quelques jours à Sabang. — Promenades sur l'île de Pulo-Way. — Une île encore vierge. — En route pour Singapour. — Dans le golfe de Siam.

L'*Aurora* a repris la mer.

Pendant que nous contournons l'île de Ceylan, l'orage journalier, auquel nous avons échappé, gronde sur les montagnes et se déverse en véritables trombes dans les parties basses.

Notre croiseur dirige sa course sur la petite île de *Pulo-Way*, à l'extrémité nord de Sumatra, pour s'approvisionner de charbon à *Sabang*. Plusieurs de nos officiers ont déjà fait escale dans ce joli port hollandais et nous vantent les merveilles naturelles de l'île.

Après une traversée de quatre jours, nous approchons d'un promontoire couvert d'une forêt si dense qu'on dirait un immense chou-fleur flottant, au-dessus duquel nous pouvons déjà distinguer la chaîne bleuâtre des montagnes de Sumatra.

Quelques minutes plus tard, nous entrons dans une crique, entourée de collines verdoyantes, où stationne solitairement un petit garde-côte hollandais qui s'est enguirlandé d'oriflammes et nous reçoit en jouant l'hymne national russe. La profondeur de la mer permet que nous accostions directement le quai, au-dessus duquel se dressent les puissantes grues à vapeur, toutes prêtes à déverser le charbon dans les soutes du navire.

Dans cette radieuse baie, située à l'écart de la grande ligne suivie par les paquebots à destination de l'Extrême-Orient, la présence d'un bâtiment de guerre étranger est un événement rare. Aussi sommes-nous l'objet de la plus vive curiosité, non seulement de la part des coolies indigènes, mais aussi des quelques familles de colons qui constituent la population de Sabang.

Cet établissement des Hollandais est de création toute récente. Il ne comprend, jusqu'à présent, qu'une rue bordée de boutiques chinoises et malaises, longeant la mer, et, plus haut, sur une colline, une large avenue bien ombragée, aux abords de laquelle se trouvent les demeures des colons, ainsi qu'un modeste petit hôtel.

Toutes les maisonnettes sont bâties sur des piliers, à un mètre au-dessus du sol, en prévision de l'humidité résultant des averses tropicales qui inondent la contrée durant la saison pluvieuse. C'est également, dans ce pays, le seul moyen de se mettre à l'abri des serpents.

Fuyant les opérations du charbonnage, nous sommes venus faire la sieste sur la terrasse de l'hôtel, d'où nous contemplons, de loin, la baie azurée.

A cette époque de l'année, l'atmosphère est à tel point saturée d'humidité par de continuelles ondées, qu'on pourrait se croire dans un bain de vapeur. Avec l'espoir de nous rafraîchir un peu, nous descendons, dans l'après-midi, du côté de la mer, jusqu'à l'embouchure d'une petite rivière, au bord de laquelle les colons ont installé, à l'ombre des caoutchoutiers, le plus délicieux bassin de natation qu'on puisse rêver. En quelques instants, nous avons quitté nos vêtements pour nous plonger dans une eau limpide, si agréablement fraîche que nous y serions restés volontiers pendant une heure.

On nous avait recommandé, comme but de promenade, la *Sud-Bay,* une baie pittoresque sur le versant sud de l'île. Nous retenons donc, pour le lendemain, à la première heure, les deux seuls équipages dont les touristes peuvent faire usage à Sabang. Malgré l'apparence chétive des poneys, nous prenons place, deux par deux, dans ces carrioles, en nous asseyant de biais sur leurs étroites banquettes.

Notre brave hôtelier s'empresse, du reste, de nous rassurer sur la solidité de nos équipages et l'endurance de leurs petits chevaux. En effet, les voici qui trottent allégrement sur une route bien tassée, entre des plantations de café, de poivre et de caoutchouc, gardées, çà et là, par des indigènes accroupis dans de primitives cabanes, formées d'un toit soutenu par quelques branches. Mais bientôt la route dégénère en un tracé herbeux et les roues de nos charrettes s'enfoncent de plus en plus dans une terre rougeâtre. Harassés, nos poneys s'arrêtent à chaque instant et finalement refusent d'avancer.

Malgré la chaleur d'étuve qui nous colle nos légers vêtements sur la peau, nous sommes obligés de continuer notre promenade à pied. Nullement confus, nos cochers indigènes nous suivent en menant leurs bêtes par la bride.

De temps à autre, un nuage, presque diaphane sous l'ardeur du soleil, crève en fine buée et rend le chemin encore plus glissant.

Trois Malais, armés de serpes et coiffés de larges feutres, furent les seuls êtres humains que nous rencontrâmes dans cette contrée inhabitée.

Par des gestes, nos cochers nous font comprendre que la jungle est peuplée de singes, de sangliers et qu'elle abonde en serpents. Nous avançons péniblement, en écrasant d'énormes coléoptères irisés. Toute la région indo-malaise est, à juste titre, le paradis de l'entomologiste. D'immenses sauterelles se précipitent entre nos jambes, tandis que des milliers de papillons, resplendissant des plus vives couleurs, voltigent au-dessus de nos têtes. Dans nos pays occidentaux, c'est l'homme qui lutte pour l'existence. Au sein de la forêt tropicale, ce sont les animaux, les arbres et les plantes qui se livrent entre eux la plus formidable bataille qu'on puisse imaginer. Lentement, mais sûrement, les vétérans de la forêt sont mangés par des plantes parasites, et leurs troncs désséchés sont bientôt enserrés de lianes et de plantes grimpantes, dont les guirlandes fleuries s'élancent jusqu'au sommet des plus grands arbres et retombent dans les airs comme de grands lustres de verdure.

Enfin, nous voici au pied d'une colline, ou plutôt d'un dôme de verdure, car sous l'exubérante végétation tout s'efface, les lignes du terrain aussi bien que les rochers les plus abrupts.

Sur un espace défriché, une famille indigène s'est établie dans une hutte primitive et débite, aux rares passants, du café, des fruits ou des eaux colorées de jus de fruits.

Bien que mourant de soif, nous n'osons pas goûter à ces breuvages, qui ne nous inspirent aucune confiance. Alors, une vieille femme malaise nous partage, dans le fond de la boutique, un énorme ananas, que nous suçons avec délices.

Un tout jeune enfant, nu comme un ver, pousse des cris d'effroi en nous apercevant et se réfugie dans les bras de sa mère.

Pendant que nos poneys vont boire et se réconforter d'un peu de fourrage, nous montons jusqu'au sommet d'un col d'où nous découvrons tout à coup une baie magnifique, au fond d'un cirque montagneux tapissé de forêts séculaires. Le site est d'une beauté saisissante, tant par la nature sauvage du paysage que par la poésie et le calme enchanteur qui se dégagent de ces solitudes. Nous sommes dans un de ces endroits, et à un de ces moments, où l'on sent, d'une façon plus saisissante, la place infime que l'homme occupe dans la nature.

Il faut pourtant songer au retour et à reprendre place sous la tente de nos voiturettes. Sachant, sans doute, qu'ils rentrent à l'écurie, nos petits chevaux se montrent plus vaillants, sans compter que leur tâche est moins ardue à la descente.

Ce soir-là, pour célébrer la fête du régiment des hussards de Sa Majesté, dont il fait partie, le grand-duc a invité à dîner le commandant et plusieurs officiers de l'*Aurora*.

Attirés par notre orchestre de marins, qui se fait entendre en plein air, tous les indigènes des environs sont venus s'installer sur la pelouse. Ce fut aussi une occasion de réjouissance pour les officiers hollandais, les fonctionnaires et les familles des colons de Sabang, joyeusement attablés sur la terrasse. Malheureusement, une pluie soudaine et torrentielle vint prématurément disperser tous les spectateurs.

Sous le souffle léger de la brise marine, nous nous

réveillons, le lendemain, dans les chambres proprettes du petit hôtel. Ici aussi, comme à Colombo, des nurses noires profitent de la fraîcheur matinale pour promener de gros bébés blonds à l'ombre des tamarins de l'avenue. Des recrues indigènes, commandées par un officier hollandais, défilent sous nos fenêtres, au pas de gymnastique et les mains croisées derrière le dos.

Sur cette île, éloignée des chemins parcourus par les globe-trotters, la « riksha » n'existe pas, et aucun bruit de chariot ou de voiture ne vient troubler la tranquillité idyllique de la vie.

Munis de nos kodaks, le comte Wielopolski et moi, nous partons de bonne heure pour aller explorer le versant de la colline opposé au port. Une avenue, nouvellement tracée, nous amène sur une plage délicieuse où la vague de l'Océan se brise avec des couleurs d'émeraude, en roulant sur le sable fin d'innombrables coquilles. Un petit sentier, ombragé de palmiers, d'arbres séculaires et d'énormes bambous, nous invite à longer la mer. De vieux troncs tordus décrivent, là, des arcs fantastiques ou bien rampent, ici, comme d'immenses serpents.

Nous nous proposons de grimper, à l'aventure, sur un promontoire boisé que nous apercevons à quelques centaines de mètres devant nous; mais la marée haute nous empêche de suivre la plage et notre sentier s'éloigne du rivage. En nous enfonçant dans la forêt de palmiers, il nous semble que nous pénétrons dans une serre chaude. Nous avançons avec peine sur un terrain glissant, détrempé par les pluies de la nuit. Après avoir longé, sous un soleil de plomb, quelques plantations clôturées de fils de fer, puis traversé, sur une passerelle périlleuse, un ravin dont le torrent bouillonne sous une voûte de verdure, nous rejoignons péniblement la mer, sans pouvoir toutefois nous approcher davantage du but désiré. Cette île verte et presque vierge de Pulo-Way abonde en sites sans nul doute très romantiques, mais encore inaccessibles.

L'indigène qui porte nos kodaks, et duquel nous nous évertuons à nous faire comprendre par toutes sortes de signes, paraît soulagé de nous voir, après une courte halte, prendre le chemin du retour.

Il est onze heures du matin quand nous rentrons à l'hôtel, dans un état de transpiration invraisemblable.

Après avoir changé de vêtements et nous être rafraîchis sous une douche, nous demandons au propriétaire ce qu'il peut nous offrir à déjeuner. D'un air rayonnant, il nous annonce qu'il y a une *rijstafel*. C'est le plat de riz national, servi avec divers mets accessoires plus ou moins pimentés, à la façon du « rice curry » hindou. Nous le savourons avec délices, ainsi que les bananes et les mangues qui font l'ornement de la table.

Il nous faut, hélas! quitter déjà, dans l'après-midi,

L'HÔTEL DE SABANG

LE PRINCE ET LA PRINCESSE GUILLAUME DE SUÈDE

ce délicieux petit hôtel, pour rentrer à bord de l'*Aurora*. Avant de repartir pour Singapour, le commandant a invité, à bord, les autorités de Sabang, leurs femmes, ainsi que les officiers du garde-côte hollandais et quelques colons, en tout une vingtaine de personnes. Presque toutes parlent l'allemand ou le français, de sorte que la conversation s'anime vite et ne tarde pas à être empreinte d'une franche cordialité.

Après le dîner, nos convives suivirent avec intérêt les danses originales de nos matelots, accompagnées par un orchestre de « balalaïkas » (petite guitare à trois cordes du paysan russe).

Dans la nuit, très noire, on ne distingue plus que les lumières éparses des bungalows, sur les hauteurs qui dominent le port. Mais cette soirée, si douce et si calme, nous réservait une surprise. Sans aucun signe avant-coureur, une pluie torrentielle vint arroser nos invités au moment où ils prenaient place dans les chaloupes pour rentrer au port.

Le lendemain, 21 novembre, l'*Aurora* levait l'ancre et sortait de la baie. Durant plusieurs heures encore nous ne perdons pas de vue les montagnes sévères de Sumatra, coiffées de nuages sombres.

Dans le détroit de Malacca la mer est blanche, sans une ride, et se confond presque à l'horizon avec un ciel argenté.

Une ligne de nuages, quelques îlots verts, ou bien

aussi la présence de sampans chinois trahissent seuls le voisinage de côtes invisibles.

En arrivant à Singapour, parmi les innombrables navires qui mouillent dans la rade, nous distinguons le *Maha-Chakri*, le grand yacht du roi de Siam, venu de Bangkok pour chercher le prince et la princesse Guillaume de Suède; puis un bâtiment de guerre anglais, *H. M. Astrea*, à bord duquel se trouvent le prince et la princesse de Teck. Ils vont aussi représenter leur souverain à la cérémonie du couronnement du roi de Siam.

Notre consul, M. Vouivodseff, apporte au grand-duc plusieurs télégrammes de Bangkok, où nous sommes attendus pour le 29 novembre.

Il nous faudra reprendre la mer dans deux jours.

Tout en voguant sur les eaux solitaires du golfe de Siam, nos marins discernent avec leurs longues-vues un corps flottant qui les intrigue. On dirait, à distance, quelque embarcation chavirée. L'*Aurora* se détourne légèrement de sa route pour reconnaître cette épave, et nous constatons bientôt que la pseudo-embarcation n'était qu'un tronc énorme, entouré de racines, et sur lequel perchait, impassible, un grand oiseau de mer.

Enfin, le troisième jour, apparaissent les îles voisines de l'embouchure du Menam. Il nous a fallu quarante-six jours pour venir de Naples jusqu'ici, dont vingt-deux de navigation.

ARRIVÉE DU GRAND-DUC BORIS A BANGKOK

CHAPITRE IV

AU SIAM

Réception à Bangkok. — Visite chez le roi. — Le palais d'Amporn. — Dîner au palais Chakkri. — Promenade au Dusit-Park. — Les représentants étrangers. — Une soirée chez le prince Chira. — La cérémonie de la bénédiction de l'eau.

Nous sommes arrivés, et pourtant nous ne voyons pas encore la terre, car les vaisseaux d'un certain tonnage ne peuvent pas franchir la barre, à l'embouchure du Menam, et sont obligés de stationner à cinq milles au large.

L'*Aurora* échange des saluts avec une canonnière siamoise et mouille bientôt à quelques encablures d'un croiseur japonais et de l'*Astrea,* le croiseur anglais que nous avions aperçu à Singapour. N'étaient la couleur jaunâtre de la mer et un bateau-phare voisinant, on pourrait se croire encore en pleine mer. Nos officiers sont un peu désappointés de ce que la communication avec la terre soit si lointaine.

Une chaloupe, détachée d'un yacht siamois tout pavoisé, nous amène M. de Plançon, notre ministre à Bangkok, avec son secrétaire et deux officiers siamois en grande tenue, le général Phya Sakda, commandé par le Roi auprès de la personne du grand-duc, et le capitaine Luang Ahbibal, attaché à notre suite.

Ce sont eux qui vont nous piloter dans la capitale siamoise et nous accompagner à toutes les cérémonies et fêtes du couronnement.

Comme le jeune général parle très bien l'anglais, et le capitaine couramment l'allemand, il nous sera facile de nous entendre.

Aussitôt que les bagages furent transbordés, le grand-duc avec sa suite se rendit à bord du yacht royal que le Roi a envoyé à sa rencontre.

Le commandant de l'*Aurora* et deux enseignes de vaisseau, le baron Girard de Soucanton et le fils de notre ministre, sont invités à prendre part, avec nous, aux fêtes du couronnement.

Un excellent déjeuner nous attend sur le yacht, servi, à l'ombre d'une tente, par de petits marins siamois.

Enfin, nous découvrons une côte plate, couverte de bambous et d'aréquiers, et nous franchissons la barre dans une sorte de canal entouré de hauts-fonds herbeux.

Les canons des forts invisibles, qui gardent l'entrée du large fleuve, saluent notre yacht à son passage.

Voici, à notre gauche, la haute tour en spirale effilée de la jolie pagode que le roi Mongkut, grand-père du roi actuel, fit construire sur une petite île pour apaiser, dit-on, les mauvais esprits de la rivière.

Nos regards ne cessent d'être charmés par l'aspect pittoresque des rives garnies d'épais bouquets de bambous et de palmiers à moitié submergés et par les mille spectacles de la rivière dont les flots limoneux charrient continuellement des touffes de verdure et des branches arrachées aux forêts inondées.

Partout, sur les bords du fleuve, on aperçoit des habitations flottantes et des villages entièrement bâtis sur pilotis.

Le Menam, en siamois la « mère des fleuves », joue, dans ce pays, le même rôle fertilisant que le Nil en Égypte. Il coule lentement, entre des rives peu définies où débouchent d'innombrables canaux, et toute cette contrée, formée de plaines d'alluvions, est si basse que les effets de la marée se font sentir jusqu'en amont de la capitale.

A mesure que nous approchons de celle-ci, la rivière est sillonnée d'un nombre croissant d'embarcations.

On voit que le peuple entier est en fête. Tous les bateaux, toutes les habitations, si pauvres d'apparence qu'elles soient, sont enguirlandés de petites lanternes, en vue des illuminations, et sont pavoisés de minuscules drapeaux siamois, portant l'éléphant blanc, l'emblème du pays, sur un fond rouge.

Notre yacht stoppe quelques instants auprès d'un

paquebot pour prendre l'envoyé spécial de la République française, M. de Margerie, accompagné du lieutenant Berthier et d'un secrétaire, M. G. Mante. Peu de temps après, nous jetons l'ancre au milieu de la rivière.

Voici déjà le premier des merveilleux tableaux exotiques qui vont se dérouler sous nos yeux durant les fêtes du couronnement.

Deux longues barques, montées chacune par une cinquantaine de rameurs en costumes rouges galonnés d'or, accostent notre yacht.

Le grand-duc, en tenue blanche des hussards de Sa Majesté, et M. de Margerie, en uniforme brodé, prennent place dans la première embarcation, sous un dais de gala. Dans une lumière éblouissante, nous approchons ainsi d'un débarcadère tout pavoisé, où nous attendent, en grande tenue, de hautes personnalités siamoises.

Les toits pointus et superposés des pagodes et des bâtiments royaux compris dans l'enceinte du palais forment, à l'arrière-plan, un décor unique dans son genre.

Le grand-duc est reçu, aux sons de l'hymne national russe, par le prince Chakrabon, et passe ensuite immédiatement en revue une compagnie d'honneur de petits soldats siamois, alignés quelques pas plus loin.

Aussitôt après, la *Marseillaise* retentit en l'hon-

LE GRAND-DUC BORIS SE RENDANT A L'AUDIENCE ROYALE

neur du représentant de la République française.

Après les présentations d'usage, sous un pavillon tendu d'étoffes rouges et or, les deux princes montèrent dans un équipage de gala attelé de quatre chevaux australiens, et se rendirent chez le Roi, escortés d'un escadron de gardes à cheval.

Les bâtiments qui entourent le grand palais, appelé « palais Chakkri », forment à eux seuls toute une ville. C'est là que sont groupés, entre autres, les halls imposants consacrés aux cérémonies de la cour, le fameux temple de Wat-Prakeo, le Trésor, la Bibliothèque et les bureaux du ministère des Affaires étrangères.

Les abords du palais présentent, quand nous y arrivons, une animation extraordinaire. Une foule bariolée de serviteurs affairés, de militaires et d'employés, s'agite entre les bâtiments pavoisés et resplendissants de blancheur. Les cours et les allées sont bordées d'arbustes taillés en boules et en forme de parasols à étages multiples.

Le palais où habite le Roi a été construit par son père, le roi Chulalongkorn. C'est un édifice de style siamois, dont la façade est ornée de galeries et d'un superbe escalier de marbre blanc. Je me souviens qu'il y a dix ans, le grand-duc eut seul le privilège d'entrer dans la cour du palais du Roi en équipage, et que nous fûmes obligés de la traverser à pied.

L'aide de camp général du Roi, une de nos anciennes connaissances, vient à la rencontre du grand-duc et l'introduit dans les appartements royaux. Nous attendons la fin de l'entretien, qui fut très cordial, dans une grande salle ornée de portraits de rois et des bustes en bronze de divers souverains européens, parmi lesquels celui de l'empereur Nicolas II. En sortant, le grand-duc nous présente à Sa Majesté.

Le roi Maha Vagiravudh, âgé de trente-deux ans alors, succéda à son père le 23 octobre 1910. En tant que chef des bouddhistes de son pays, il dut se soumettre, quelques jours après son avènement, à une première cérémonie, selon les rites prescrits par la tradition religieuse.

Dans trois jours, il posera sur sa tête la couronne du royaume, en grande pompe, devant les représentants de presque toutes les nations de l'Europe.

Le programme qui nous a été distribué prévoit, durant plus d'une semaine, une série de cérémonies, de fêtes et de réceptions de toutes sortes, plus brillantes les unes que les autres.

En sortant de chez le Roi, nous montons dans des automobiles conduites par des chauffeurs siamois, en livrée de cour, pour nous rendre au palais d'Amporn, situé en dehors de la ville, au *Dusit-Park*.

Nous avons de la peine à reconnaître ce quartier, tant il s'est transformé depuis dix ans. Le large boulevard, planté d'une double allée d'arbres, au bout duquel se dresse le dôme imposant d'une nouvelle

LE PALAIS D'AMPORN

LA CHAMBRE A COUCHER DU GRAND-DUC BORIS

salle d'audience encore en construction, n'existait même pas lors de notre première visite au Siam.

Quantité de jolies résidences ont été bâties depuis aux abords du parc, qui constitue aujourd'hui le quartier le plus *select* et le plus sain de la ville.

Le palais d'Amporn, où nous sommes logés, est une création du roi Chulalongkorn et ne date que de quelques années. Il fut construit, comme la plupart des autres palais, par des architectes italiens.

Les luxueux appartements destinés au grand-duc étaient précisément ceux que le feu roi occupait et comprennent, avec nos chambres, toute l'aile droite du palais. On pourrait se croire dans quelque riche hôtel particulier de l'avenue du Bois, à Paris, n'étaient l'absence de vitres aux fenêtres et les spacieuses galeries qui font le tour de l'édifice.

Tentures de soie, tapis épais, électricité, bains, rien ne manque à ces appartements meublés à l'européenne, pour en rendre le séjour fort confortable.

Dans un grand salon turc, d'énormes divans vous invitent à la sieste et, en face, un petit pont vous mène dans un hall, ou pavillon, ouvert d'un côté sur la cour du palais, de l'autre sur le parc et les canaux qui l'entourent.

L'aile gauche du palais est occupée par le prince Tushimi et la mission japonaise, tandis que le prince et la princesse de Teck, avec la mission anglaise, habitent un cottage relié au palais par une galerie couverte. Escaliers, galeries, corridors, sont dallés du plus pur marbre blanc et ornés d'une profusion de statues, d'objets d'art et de tableaux modernes que le roi Chulalongkorn avait collectionnés au cours de ses voyages en Europe.

Nous ferons demain plus ample connaissance avec ce délicieux parc siamois, car il nous faut, sans tarder, endosser nos uniformes de cérémonie pour aller dîner chez le Roi.

Dans la vaste salle à manger du palais Chakkri, où le style moderne se marie avec une ornementation siamoise, Sa Majesté a réuni ce soir à sa table, outre le grand-duc et sa suite, les derniers arrivés des princes étrangers, à savoir : le prince Guillaume de Suède avec sa jeune et jolie femme, née grande-duchesse Marie Paulovna de Russie; puis le prince Alexandre de Teck, frère de la reine d'Angleterre, avec sa femme, fille de la duchesse d'Albany et sœur du duc de Cobourg. Par leur grâce et leur charme, ces deux princesses, avec leurs dames d'honneur, lady Colville et la jeune comtesse Hamilton, seront parmi les plus délicieux ornements de ces fêtes de Bangkok.

La Reine mère, une figure imposante, en costume siamois, « panung » de soie formant culotte, bas de soie et pantoufles brodées; plusieurs princes siamois, et quelques hauts fonctionnaires de la cour, prennent part au dîner, dont le menu exquis dénote

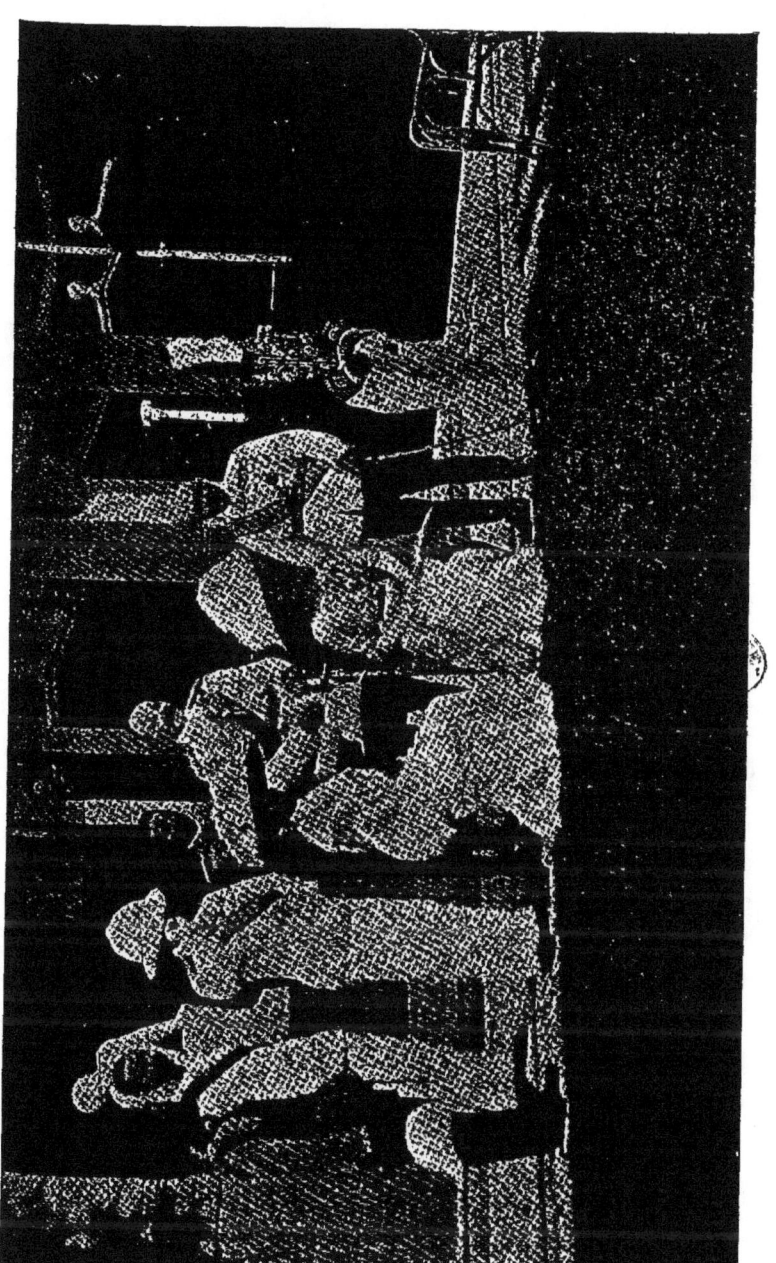

LE PRINCE ET LA PRINCESSE DE TECK ET LEUR SUITE

un chef de cuisine européen de tout premier ordre.

Au Siam, aussi bien qu'en Europe, une des premières préoccupations du prince en arrivant au pouvoir est celle de moderniser les uniformes et les livrées. J'avais déjà remarqué, en entrant, l'uniforme bleu foncé des gardes du palais, leur casque à plumes, qui les font ressembler aux bersaglieri italiens. L'habit rouge des laquais, en usage sous le règne précédent, a été également remplacé par une livrée bleue avec culotte blanche.

Pourtant, la jolie coutume qui consiste à enguirlander les invités d'épais colliers tressés avec des fleurs de jasmins, et de leur offrir de petits sachets parfumés de fleurs odoriférantes s'est continuée fort heureusement. Les grandes papillotes qu'on présente au dessert, et qui contiennent de petits souvenirs, tels que bonbonnières en argent, miniatures de théières ou de crachoirs siamois, n'ont point disparu non plus de la table royale.

Quand tout le monde eut passé dans la grande salle des audiences, Sa Majesté, en uniforme de général, suivi de la Reine mère, tint cercle et adressa à chacun de ses hôtes quelques paroles aimables. Le roi s'exprime en anglais avec la plus grande facilité, ayant reçu une partie de son éducation en Angleterre, au collège militaire de Sandhurst. Après avoir suivi les cours de l'Université d'Oxford, il servit un an, en qualité de lieutenant, dans un régiment d'infanterie anglaise. Comme prince héritier, il visita plusieurs cours d'Europe, et représenta, à l'époque, son pays au couronnement du roi Édouard VII. En retournant au Siam, en 1903, il fit un séjour prolongé aux États-Unis, ainsi qu'au Japon. A l'imitation de ses prédécesseurs, il fit ensuite un stage de quelques mois dans un monastère bouddhiste.

Plusieurs de ses frères et parents, qui ont étudié de même en Europe, jouent aujourd'hui un rôle prééminent dans le gouvernement de leur pays, au bien-être duquel leur intelligente initiative rend les plus grands services.

Quand le Roi donne audience, il siège sur un trône d'or placé au fond de la salle, au-dessous d'une sorte de parasol blanc à neuf étages, emblème du pouvoir suprême.

Les princes prennent place sur des fauteuils, alignés des deux côtés de la salle, et sous des parasols analogues, mais de couleur différente et dont le nombre d'étages va en diminuant selon le rang de chacun.

Quelques grandes toiles modernes, représentant la réception d'ambassadeurs siamois à diverses cours européennes, des armes siamoises et une série de petits arbres à feuillage d'or ou d'argent, offerts au roi comme tribut par les diverses provinces, complètent la décoration de cette belle salle (1).

(1) Bien que tout-puissant et, en théorie, le maître absolu du pays, le roi de Siam ne saurait plus se complaire aujourd'hui dans le rôle de tyran

De retour au palais d'Amporn, nous ne sommes pas fâchés de quitter nos uniformes et de prendre quelque repos, allongés dans des fauteuils sur la terrasse.

De petits lézards, longs de trois pouces, font entendre des cris d'oiseaux en pourchassant les insectes et les moucherons sur les murs du palais, tandis que les grenouilles, les grillons et mille coléoptères font retentir les gazons du parc de leur concert habituel.

En ces moments de bien-être, sous le ciel étoilé, nous pensons à nos parents et amis moins favorisés, forcés de se calfeutrer dans des appartements pour se mettre à l'abri des intempéries du climat de nos pays du Nord.

autocratique. Dans les limites du royaume, personne ne peut être condamné sans jugement, et, bien qu'immensément riche, le Roi ne peut disposer, pour ses dépenses privées, des revenus affectés aux besoins du gouvernement. Il s'est adjoint un conseil des ministres, comprenant dix titulaires de portefeuilles. Excepté le ministère du Gouvernement local, de l'Agriculture et de l'Instruction publique, tous les autres sont aux mains des princes de la famille royale. Les ministres de la Guerre, de la Marine, des Finances sont des frères du roi ; ceux de la Cour, de l'Intérieur et des Travaux publics sont ses oncles ; tandis que le ministre de la Justice est un de ses cousins. Tous ont le même rang et sont responsables vis-à-vis du Roi de la gestion de leur département.

Un conseil d'État, dont les membres, nommés par le Roi, restent en fonctions aussi longtemps qu'il plaît à Sa Majesté, tient lieu d'assemblée législative. En outre, un conseil privé joue le rôle d'une assemblée purement consultative.

Toute l'administration du pays ressort aujourd'hui exclusivement au ministère de l'Intérieur, à l'exception de Bangkok et de ses environs, qui dépendent du ministre du Gouvernement local.

30 novembre. — Profitant de la fraîcheur matinale, je vais me promener, un kodak en main, dans le parc qui entoure notre palais.

Une armée de petits jardiniers siamois, coiffés d'immenses chapeaux de jonc, en forme de champignons, sont occupés à nettoyer les allées et les pelouses. L'air est embaumé du parfum des plates-bandes et des buissons fleuris.

Deux petits pavillons de bois, rouges et bleus, incrustés d'or, frappent tout d'abord mon attention par l'élégance de leurs formes, la richesse de leur ornementation et les lignes harmonieuses de leurs doubles toits pointus. Ce sont des modèles de la plus pure architecture siamoise, que vous rencontrez seulement dans les parcs royaux. Ni les princes, ni les riches dignitaires ne peuvent en posséder, car le Roi s'est réservé le privilège exclusif de leur construction, du reste fort coûteuse.

En passant près du corps de garde, je revois le « bungalow » où feu le Roi nous avait invités à déjeuner et devant lequel le grand-duc retrouvera, haut de quinze mètres, l'arbre de teck qu'il y avait planté, en commémoration de sa première visite.

A cette époque, une vaste prairie, fraîchement conquise sur la jungle et plantée de jeunes arbres, tenait lieu de parc.

Près de là, se trouve le garage d'automobiles. La cour royale de Bangkok dispose de soixante-dix auto-

LE NOUVEAU HALL DES AUDIENCES, EN CONSTRUCTION

LES COMMUNS DE LA DOMESTICITÉ
DANS LE PARC D'AMPORN

mobiles, tant voitures de luxe que voitures affectées au service. La plupart de ces autos sont de fabrication autrichienne.

Plus loin, une pittoresque maison de bois, bâtie à la siamoise, c'est-à-dire à moitié sur pilotis, au bord d'un large canal, sert de logement au bas personnel domestique du palais.

Beaucoup d'autres pavillons et bâtiments, ayant chacun sa destination spéciale, se cachent sous la verdure des avenues.

Il n'est que neuf heures et déjà l'ardeur du soleil est implacable. C'est le moment de rentrer au palais où le breakfast nous attend dans une salle à manger meublée à l'anglaise.

La vaisselle, très riche, est de fabrication française, tandis que les verres et les cristaux proviennent de Bohême.

Sans le moindre bruit, avec des gestes compassés et un flegme inouï, les laquais nous servent du thé et apportent successivement des œufs, du poisson frit, des confitures et des fruits variés, parmi lesquels des bananes d'un goût exquis.

Plutôt que de passer leur bras devant vous, ces domestiques, bien stylés à l'orientale, attendent plusieurs minutes, impassibles, que vous ayez retiré votre poignet du bord de la table, pour vous enlever une assiette ou vous donner une fourchette.

Les fêtes du couronnement ont amené à Bangkok,

outre les princes étrangers et les représentants do
nous avons déjà parlé, un certain nombre de missio
spéciales. Ainsi l'empereur d'Autriche s'est fait repr
senter par le comte T. de Bolesta-Koziebrodzk
l'Allemagne par le baron von der Goltz; le Danema
par le prince Waldemar, oncle du roi actuel; l'Itali
l'Espagne, la Norvège, la Belgique, la Hollande
les États-Unis d'Amérique ont aussi délégué d
représentants spéciaux.

Il s'agit, comme l'exige le protocole, d'aller s'in
crire ou de déposer des cartes chez tous ces représe
tants. Dans ce but nous parcourons, depuis plusieu
heures, la ville et les parcs environnants.

Toutes les maisons, toutes les rues sont décoré
et pavoisées avec beaucoup de goût. Pas d'immens
drapeaux, ni d'écussons massifs; mais seulement
fines guirlandes de verdure, piquées de fleurs, et d
centaines de milliers d'oriflammes et de petits dr
peaux. Le rouge et le blanc, le jaune et le noir sont l
couleurs qui dominent dans la décoration des arcs
triomphe et des pavillons construits en vue des divers
cérémonies. Partout, des ouvriers mettent la derniè
main aux chaînes de lanternes et aux innombrabl
petites lampes destinées à l'illumination de la ville. S
un étang du parc, des hommes disposent de petit
lanternes flottantes ayant la forme de fleurs de lotu

Le Siamois est passé maître dans l'art des illum
nations et des feux d'artifice.

LE PALAIS DU ROI

GROUPE DE REPRÉSENTANTS ÉTRANGERS

Même dans nos automobiles, nous ressentons la chaleur accablante du soleil. Les sièges deviennent brûlants. On nous dit bien qu'il fait exceptionnellement beau et chaud pour la saison. En tout cas, l'hiver siamois est un véritable été. Il n'a plu que quatre fois durant tout le mois de novembre et la température a oscillé entre un minimum de 26 degrés centigrades pendant la nuit et de 31 degrés centigrades à l'ombre durant la journée.

Nous rentrons pour le lunch au palais d'Amporn. Le grand-duc s'est rendu au palais Chakkri, où le Roi reçoit à déjeuner les princes étrangers et les envoyés spéciaux.

Dans l'après-midi, nous continuons notre tournée de visites.

Le prince Waldemar de Danemark et ses trois fils : Aage, Aksel et Erik, sont descendus à la villa que la Reine mère a fait construire hors de la ville, sur une nouvelle route toute droite et bordée de canaux. En la parcourant, nous pouvons constater l'ampleur des travaux de drainage et de défrichement qui ont transformé ces parages en une campagne fertile, bien appropriée à la construction de toute une colonie de « bungalows ». A côté de la jolie résidence de la Reine, se trouve une ferme modèle.

Nous sommes tous invités, le soir, à dîner chez le prince Chira, un des princes les plus en vue de la famille royale.

Il est frère du Roi et ministre de la Guerre, et c'est à lui que revient le mérite d'avoir réorganisé l'armée siamoise.

Beaucoup d'invités, parmi lesquels les missions anglaise, française, autrichienne et suédoise. Comme attraction spéciale, nous y entendons des chœurs chantés par des jeunes filles siamoises et de curieuses mélodies exécutées par un orchestre indigène, composé d'instruments nationaux en bambou, de guitares primitives, de tambourins et de xylophones.

Si nos oreilles européennes restent inaccessibles aux mélopées traînardes des chœurs chantés par des voix de tête chevrotantes, elles prennent, par contre, un certain plaisir aux motifs originaux de la musique de ce pays, dont les accents semblent être empruntés aux bruits mystérieux de la rivière et des forêts.

C'est aujourd'hui le 1er décembre, c'est-à-dire la veille du couronnement.

Au programme de la journée figure, tout d'abord, un déjeuner chez le ministre du Gouvernement local. La résidence de S. E. Chao Phya Yomaraj est située hors de la ville, dans le nouveau district. Nous y déjeunons par petites tables groupées autour d'une table centrale où sont assis les princes.

La galerie, également occupée par les invités, donne sur un jardin rustique, orné de fleurs, de carrés de légumes, de plantations, et d'où s'élèvent les sons d'une musique indigène.

L'ensemble de la fête présente un coup d'œil fort original.

Le menu du déjeuner est aussi long que riche, et, comme les laquais siamois ne se départissent pas de leur imperturbable flegme, le temps passe plus vite que les plats. Il est bientôt trois heures, et, à notre table du moins, nous en sommes au premier service. Des fruits servis à la hâte et un bruit de chaises dans la salle nous font deviner que le signal du départ est donné. Et chacun de se diriger vers la sortie pour prendre congé de l'aimable ministre. Il faut nous hâter de rentrer chez nous pour revêtir nos uniformes en vue de la cérémonie qui aura lieu à quatre heures au temple royal de Wat-Prakeo.

C'est dans les murs de cette pagode, une des plus riches de Bangkok, que les prêtres bouddhistes bénissent, en présence du roi, l'eau qui doit lui servir de bain le lendemain matin, avant qu'il soit couronné. Mais seuls, les princes, les envoyés spéciaux et les hauts fonctionnaires auront accès dans ce temple dont les dimensions sont restreintes. Pour nous autres, des sièges ont été placés sous le grand portique de l'entrée.

Sa Majesté arrive, ayant revêtu l'uniforme rouge de la garde du corps, précédée de hallebardiers et suivie des chambellans et des gentilshommes de sa Cour.

Le « panung » d'autrefois a fait place aux pantalons

longs, à galons dorés, ou à la culotte de soie blanche.

La cérémonie, à l'intérieur du temple, prit un peu plus d'une heure. Puis le Roi, accompagné de son brillant cortège, reprend le chemin du palais, dans un merveilleux décor de pagodes et de coupoles dorées que les rayons du soleil couchant caressent de reflets verts et roses.

S. M. MAHA-VAGIRAVUDH, ROI DU SIAM

formes, mais bien un événement joyeux auquel prend part, spontanément, l'âme de tout un peuple.

Il n'y a pas de district, si éloigné qu'il soit de la capitale, qui n'ait délégué à ces fêtes son chef ou quelque représentant de son administration.

Et pourtant, il faut moins de temps pour atteindre Bangkok depuis nos ports européens, que depuis les provinces reculées du Haut-Siam, à cause du manque de communications rapides.

Au pays de l'Éléphant blanc, la personne du monarque, à la fois chef suprême et religieux de la nation, est encore toujours profondément vénérée par ses sujets. C'est précisément le lointain passé dans lequel ces sentiments prennent leurs racines que vont nous évoquer les rites traditionnels et la merveilleuse mise en scène de la cérémonie du couronnement.

Il est neuf heures du matin. Depuis notre arrivée à Bangkok, pas le plus petit nuage n'est venu tacher l'azur du ciel.

La journée s'annonce comme devant être chaude, mais, cette fois, la solennité de la circonstance ne nous permettra pas de revêtir la tenue blanche et le casque tropical, si approprié à ce climat. L'étiquette exige que nous soyons rassemblés à 9 heures 40, en uniforme de gala, dans le hall de Dusit-Maha-Prasad, à côté du grand Palais.

Le grand-duc et son camarade de régiment, le

LE PALAIS DU COURONNEMENT

S. M. VAGIRAVUDH SUR LE PALANQUIN ROYAL

comte A. Wielopolski, sont les moins favorisés, dans leur superbe uniforme rouge des hussards de Sa Majesté, recouvert du dolman bordé de fourrures ; mais le colonel comte Grabbe, en uniforme d'aide de camp de l'Empereur, et le baron Ungern Sternberg, sous sa tunique brodée de lieutenant au régiment Siméonovski, ne sont pas non plus à envier.

Tout le long des avenues, une foule compacte nous regarde passer bouche bée et avec l'impassibilité qui caractérise les races orientales.

Dans les vastes cours ensoleillées du palais, les troupes ont pris position, ainsi que les fonctionnaires et les membres de la colonie européenne.

Le Dusit-Maha-Prasad, à l'intérieur duquel la cérémonie aura lieu, est un imposant bâtiment construit en forme de croix et surmonté de toits pointus resplendissants d'or et de tuiles de couleurs diverses.

L'intérieur, murs et colonnes, est tapissé d'or et scintille sous les lumières discrètes qui pénètrent par les interstices des jalousies des hautes fenêtres. Au milieu de la salle se dresse un trône octogonal, en bois d'ébène incrusté d'or, recouvert de coussins brodés.

Le transept, où l'on nous a fait entrer, est occupé par les envoyés spéciaux, les diplomates et les grands fonctionnaires du gouvernement, tandis que les princes et les princesses prennent place sur des fauteuils, dans la partie qui nous fait face.

Au milieu des tuniques multicolores des militaires, des uniformes chamarrés d'or et des manteaux de cour de mousseline brodée des grands dignitaires siamois, on reconnaît, à leur habit noir et cravate blanche, les représentants des États-Unis d'Amérique, tandis que vous devinez facilement, à leur costume sombre de magnats hongrois, les envoyés spéciaux de Sa Majesté Apostolique.

Il faut ainsi prendre patience une heure entière, pendant que la cérémonie bouddhiste des ablutions se déroule dans une autre partie du palais.

La chaleur ambiante devient oppressante et nous envions les Siamois qui ne paraissent pas en souffrir.

Enfin, Sa Majesté apparaît, en riche costume de soie avec pèlerine brodée d'or, et gravit les degrés du trône.

Suivant un ancien usage, les représentants des diverses provinces, placés en étoile autour du trône, ce qui signifie qu'ils sont venus de tous les coins du royaume, présentent des coupes d'eau bénite au Roi. Celui-ci trempe, dans chacune d'elles, ses doigts, qu'il se passe ensuite sur le front.

Quelques instants après, Sa Majesté se retire dans le palais pour revêtir les ornements royaux.

Bientôt, une clameur sauvage, produite par les sons de trompes et de conques mêlés aux battements de tambourins, annonce l'arrivée du cortège royal.

En tête, marchent deux bonzes, portant une image

LE ROI DE SIAM EN VÊTEMENTS RELIGIEUX

du dieu hindou Ganesha, « celui qui triomphe des difficultés », et une image vénérée du Bouddha ornée de pierres précieuses.

Ils sont suivis de musiciens en costumes antiques, soufflant dans des coquilles, des trompes en corne ou de longs clairons en argent, et de deux colonels portant des étendards, dont le drapeau légendaire du Singe.

Sa Majesté, vêtue d'un magnifique manteau de brocart d'or broché de pierres précieuses, la poitrine ornée des grands cordons des ordres siamois, s'avance solennellement, entourée de pages et suivie des nobles qui portent les insignes de la royauté : l'épée, la couronne de la victoire, le sceptre, les pantoufles brodées, un anneau de diamant, ainsi que la grande ombrelle blanche à sept étages, symbole de la dignité suprême.

Quand le Roi monte sur le trône, toute la brillante assemblée s'incline respectueusement.

Le Grand prêtre tend alors au Roi la superbe couronne historique. D'un geste solennel et grave, il la place lui-même sur sa tête. Au même instant, les musiciens soufflent dans leurs bizarres instruments et tous les orchestres militaires entonnent simultanément, dans la cour, l'hymne national siamois.

Le charivari devient général. Au signal donné par les canons du palais, l'armée et la marine répondent par cent salves semblables, tandis que les cloches des innombrables temples annoncent au peuple que son Roi est couronné. Ce fut un moment inoubliable.

Petit à petit, la musique s'éteint, les canons se taisent, les prêtres, dans la salle, font de nouveau entendre leur voix sonore et la cérémonie reprend son cours.

Impassible sur son trône, le Roi reçoit d'abord les hommages de sa famille, représentée par le prince Banurangsi, puis successivement ceux de l'armée, de la cour et des fonctionnaires.

Avant de rentrer au palais pour se préparer à la procession solennelle, Sa Majesté se fit porter jusqu'à un balcon couvert d'un dais, situé à l'extrémité d'un des transepts de la salle. Ayant donné l'ordre que les rideaux fussent levés, il se montra quelques instants, dans toute la magnificence de sa parure royale, à ses troupes et à tous ceux qui attendaient dans la cour. Les orchestres recommencèrent à jouer l'hymne national et les démonstrations enthousiastes des spectateurs ne cessèrent qu'au moment où le rideau, en retombant, mit fin à cette vision féerique. Nous traversons à pied les cours du palais, éblouissantes de clarté et remplies de monde officiel, jusqu'à la Bibliothèque nationale, d'où nous verrons défiler le cortège royal.

Sur la galerie, des laquais passent des rafraîchissements. Vous pensez s'ils furent appréciés, car la chaleur du jour n'est atténuée par aucun souffle d'air et atteint en ce moment son maximum, soit 36 degrés centigrades à l'ombre.

La grande salle de la bibliothèque, où nous pouvons nous reposer durant un quart d'heure, contient de précieux manuscrits. Pour conserver ces intéressants documents, autrefois dispersés dans tout le pays et pour la majeure partie entre les mains des prêtres, le roi Chulalongkorn (1) a eu l'heureuse idée de faire collectionner de vieux bahuts et coffres siamois. Toute la salle est aujourd'hui garnie de ces curieux meubles, peints en or et agrémentés de dessins très finement travaillés.

Mais, pendant que nous les admirons, les sons lointains de l'étrange musique du cortège nous annoncent que le roi vient de quitter le palais.

Entre les deux cérémonies, Sa Majesté avait été présenter ses respects à sa mère, car, au Siam, le respect filial est sacré.

La procession solennelle avance lentement, entre deux cortèges de troupes qui présentent les armes.

Elle est ouverte par le corps des musiciens, avec les anciens tambours de guerre en métal recouvert d'or; les longues trompettes en argent; puis toute la série des trompes en corne, des conques en usage dans les cérémonies brahmaniques. De chaque côté, marchent, en longue file, des gentilshommes de la cour

---

(1) Le père du roi actuel.

en uniformes brodés et culottes blanches, et des hallebardiers vêtus du « panung » de soie, d'une tunique rouge et coiffés de singuliers bonnets plats retombant en deux lobes sur les oreilles.

Suivent les grands dignitaires de la cour, avec les insignes royaux, et toute une série d'emblèmes, parmi lesquels un trident, un arc, un bouclier, une carabine et d'autres objets bizarres tels qu'un crachoir en or ayant la forme d'une fleur de lotus, un petit service à bétel, une verge tressée avec la queue d'un éléphant blanc. Les prêtres bouddhistes, en toge jaune, les ombrelles étagées de diverses couleurs, le grand parasol rouge, donnent à ce brillant cortège un cachet bien exotique.

Couvert d'or et de pierres précieuses, immobile comme une statue du Bouddha, Sa Majesté Vagiravudh domine la procession du haut d'un somptueux palanquin ayant la forme d'un esquif, soutenu par une vingtaine de porteurs en costumes de soie bronze et or.

Nos regards sont à tel point fascinés par le faste oriental de la mise en scène, par tant de détails nouveaux et originaux, que la personne du monarque, pourtant l'objet suprême de l'intérêt général, ne constitue plus qu'un des innombrables sujets de notre admiration.

Derrière le palanquin royal, viennent encore les dignitaires de la cour et les membres de la suite, puis

LE ROI SE MONTRE A LA FOULE
APRÈS LE COURONNEMENT

un détachement de « boys-scouts » (ou jeunes éclaireurs); les gardes du corps, en uniforme écarlate, ferment cet incroyable cortège royal. Celui-ci ne pouvait guère être plus long, à cause du peu de distance qui sépare le palais du temple Wat-Prakeo.

La cérémonie, essentiellement religieuse, à laquelle nous allons assister dans les murs de cette magnifique pagode, complétera celle du couronnement et ne lui cédera en rien comme intérêt et pittoresque.

Après que le Roi se fut débarrassé de ses ornements extérieurs, il pénétra, à pied, dans le sanctuaire et alla s'agenouiller devant la fameuse statuette du Bouddha en émeraude. Celle-ci provient, dit-on, de l'ancienne capitale du Laos et a joué un rôle considérable dans l'histoire du pays.

Le corps du Bouddha est en néphrite, tandis que la tête est sculptée dans une émeraude de dimensions extraordinaires. Cette statuette est placée sur un autel supporté par des statues d'or, et entourée d'une série d'arbustes au feuillage d'or ou d'argent.

Tout est, du reste, digne d'admiration dans ce temple; les murs, ornés de mosaïques représentant des scènes mythologiques; les colonnes émaillées d'or; les innombrables lustres en métal précieux ou en cristal qui descendent du plafond. Les dalles sont recouvertes de plaques de bronze, et les énormes portes de l'entrée, en bois d'ébène incrusté de nacre, sont de véritables chefs-d'œuvre.

En présence d'un corps sacerdotal spécial composé de quatre-vingts grands prêtres du royaume qui chantent, assis en double rang sur des gradins s'élevant des deux côtés de la salle, le Roi se déclare solennellement « Défenseur de la Foi bouddhiste ».

Les rites de la cérémonie religieuse sont dirigés par le patriarche du royaume, S. A. R. le vénérable prince Vajiranana.

Pour terminer, les prêtres présentèrent une adresse au Roi et appelèrent en chœur sur leur nouveau chef religieux la bénédiction de l'Être Infini.

Il est trois heures quand, rentrés au palais d'Amporn, nous dégrafons avec joie nos uniformes pour pouvoir déjeuner à notre aise. L'attrait des scènes si imposantes et véritablement féeriques, que nous avons contemplées durant cinq heures consécutives, a été si grand, que le temps a passé sans que nous nous en fussions aperçus.

Après nous être reposés le reste de l'après-midi, nous retournons à huit heures du soir au Grand Palais.

Pendant que les princes et les princesses dînent à la table royale, les personnes des suites respectives prennent leur repas dans un pavillon voisin.

Depuis la galerie où le café nous est servi, nous ne nous lassons pas de contempler la merveilleuse illumination de la cour et des édifices qui l'entourent.

Dans ce décor, d'une beauté architecturale sans

pareille au monde, la foule silencieuse se promène jusque sous les appartements royaux, car on a donné accès au peuple dans l'enceinte des palais.

Hommes, femmes, enfants sont accroupis sur les pelouses, dans un recueillement voisin de l'extase.

Les allées sont bordées de milliers de petites lampes et d'interminables festons de lanternes chinoises se balançant entre les arbres taillés en boule ou en forme d'ombrelles étagées, qui donnent à ces cours un aspect si original.

Pour mieux jouir de ce spectacle incomparable, nous n'hésitons pas à nous mêler à la foule indigène.

Certains petits pavillons, de vrais bijoux d'architecture, vous transportent dans un pays de rêve. Ils n'ont plus rien de l'éclat, des vives couleurs dont ils resplendissaient dans la journée. Leurs marbres blancs nous semblent maintenant teintés de rose ou de violet, et leur ornementation dorée n'éblouit plus, mais brille de reflets bleuâtres comme au travers d'un fin réseau de soie.

Conscients de la beauté architecturale des édifices royaux, les décorateurs se sont contentés d'en éclairer discrètement les façades. A cet effet, les rangées de petites lampes à huile sont dissimulées sous les galeries ou sous les rebords des grands toits pointus, dont les élégantes silhouettes se profilent mystérieusement sur le fond noir du ciel étoilé.

Ce ne sont pas seulement les palais et les bâtiments du gouvernement qui ont illuminé ce soir. La ville entière, le large fleuve Menam, qui en est pour ainsi dire l'artère principale, les innombrables canaux brillent de milliers de feux.

En vain, chercheriez-vous une maisonnette ou une habitation flottante qui ne soit pas éclairée de quelques lampions. Même les voitures des tramways, bondées de passagers, resplendissent d'une garniture spéciale de lampes électriques.

Dans les rues, transformées par des guirlandes de lanternes vénitiennes — ou plutôt siamoises — en véritables arches lumineuses, nos automobiles n'avancent que lentement, au milieu d'une foule compacte et bigarrée. Les femmes ont sorti tous leurs bijoux, leurs bracelets et leurs colliers, pour la circonstance, et le plus pauvre a tenu à paraître proprement vêtu.

Ce peuple est bien en fête; mais d'une nature placide et contemplatrice, il ne témoigne pas sa joie, à la façon de nos foules européennes, par de bruyantes manifestations de gaîté.

Tout se passe ici très tranquillement et dans le meilleur ordre du monde, sans que la police ait besoin de recourir à des mesures de précaution extraordinaires, même à l'égard du monarque. Vénéré de tous, le roi peut, sans crainte, se mêler à son peuple.

Vers onze heures nous entrons au « Bazar », qui

LE PEUPLE EN FÊTE

DANS LA COUR DU PALAIS

a été ouvert, ce soir même, au public, dans le jardin de l'ancien palais de l'héritier de la couronne. C'est bien ici qu'il faut venir pour faire connaissance avec les produits variés de l'industrie du pays. Les marchands y ont exposé leurs articles, les artisans leurs plus belles œuvres, dans une série de petits pavillons du plus pur style siamois. Une vaste pelouse présente ainsi l'aspect d'un véritable village, des plus amusants à parcourir.

La plupart des boutiques sont patronnées par les princes de la famille royale et par leurs épouses, qui y remplissent gracieusement le rôle de vendeuses. Vous y trouvez de tout : des pièces d'orfèvrerie dont quelques-unes ont une valeur de plusieurs milliers de « ticaux » (1); des bocaux richement travaillés, des poteries précieuses que vous chercheriez en vain dans les magasins de la ville.

L'ouvrier siamois est doué de beaucoup de goût et de sens artistique ; mais il travaille principalement sur commande. Ses modèles se rapprochent de l'art hindou, moins des formes chinoises ou japonaises.

Voyez plutôt ces jolies coupes à fruit, en argent repoussé ou en cuivre doré. Elles sont aussi remarquables par l'élégance de leur forme que par l'harmonie de leurs dessins. Et ces petites statues du Bouddha, en bronze, ne témoignent-elles pas suffi-

---

(1) *Tical :* monnaie siamoise valant un peu plus de deux francs.

samment du véritable talent des sculpteurs indigènes?

Voici des articles d'un usage journalier, les boîtes en laque, les légers éventails en plumes, les corbeilles si finement tressées qui font partie des ustensiles de ménage de toute habitation siamoise... Plus loin, vous pouvez acheter des bonbons du pays, ou des cigarettes. Celles-ci sont très parfumées et jaunes, roses ou brunes, selon qu'elles sont roulées dans une feuille de bananier, de lotus ou de l'arbre qui fournit la feuille pour le bétel.

Quant aux vêtements siamois, il y en a pour toutes les bourses, depuis la simple pièce de cotonnade que portent les gens du peuple, jusqu'aux riches « panungs » de soie dont se drapent les nobles.

Le ministre de la marine, prince de Nakon Sawan, musicien et compositeur distingué, a rassemblé dans son pavillon des exemplaires de tous les instruments de musique nationaux en usage dans les diverses provinces du royaume.

Les chats siamois ne sont pas une des moindres curiosités du Bazar. Ils sont remarquables de couleur. J'en aperçois un qui a la fourrure brune d'un renard. A voir ces animaux enfermés dans leur cage vous le prendriez pour des bêtes sauvages.

Le pavillon des feux d'artifice est également très entouré.

Ici, une jeune princesse siamoise, la femme du

prince Chira, nous invite à essayer toutes sortes de joujoux lumineux du plus joli effet.

Les Siamois sont passés maîtres dans la fabrication des feux d'artifice et y déploient une imagination et une fantaisie incroyables. Un crocodile en carton, que la Princesse me présente pour être allumé, puis jeté dans la pièce d'eau voisine, évolue d'abord à la surface de l'eau, comme un moto-boat, et finalement éclate bruyamment en une splendide gerbe de feu.

Mais voici une des plus grandes attractions du jardin. C'est un éléphant blanc ou plutôt un de ces rares spécimens plus clairs que leurs congénères, et qu'on peut considérer comme étant les albinos de la gent éléphantine. Il a des yeux roses et présente des taches blanches, ou plutôt jaunâtres.

Depuis que Bangkok existe comme capitale du royaume, c'est-à-dire depuis cent trente ans, on n'a enregistré dans les annales des chasses royales que vingt-cinq éléphants blancs, dont treize ont été capturés durant le règne précédent.

Au Siam, de même qu'aux Indes et à Ceylan, l'éléphant blanc fut de tout temps considéré comme étant d'une intelligence et d'un courage supérieurs. S'il est vénéré par les bouddhistes, et tout particulièrement dans ce pays, c'est qu'il passe, en outre, pour avoir hébergé l'âme du Bouddha.

Une légende veut même que la mère du « Sage », sur le point de donner naissance à son fils, rêva qu'un éléphant blanc descendait du ciel et pénétrait dans ses entrailles (1).

Les croyances hindoues et bouddhistes admettent que la possession d'éléphants blancs est un privilège réservé aux rois vertueux et puissants. Celui que nous avons devant nos yeux a été capturé six mois après l'accession au trône du roi actuel, événement qui fut envisagé par tous ses sujets comme un heureux présage.

Toujours dans l'enceinte du Bazar, non loin du Théâtre Royal, se trouve un joli restaurant, grand ouvert sur la pelouse; c'est le pavillon du ministre des Affaires étrangères. Il restera, durant les fêtes, ouvert jusque tard dans la nuit, et deux orchestres, composés d'instruments nationaux, jouent sans discontinuer, à tour de rôle, y attirant chaque soir le monde « fashionable » de Bangkok.

Nous étions assis autour d'une table, sous un arbre de mahagoni éclairé de lanternes chinoises, quand l'arrivée du Roi fut signalée. Sa Majesté porte la petite tenue des employés du ministère des Affaires étrangères, à savoir : un simple pantalon bleu à galon d'or et la « mess jackett », ou court veston de toile blanche, ouverte sur un gilet largement découpé. C'est, à peu de chose près, la tenue des hommes préposés au service du pavillon.

(1) Nous retrouverons cette légende représentée sur les admirables fresques du temple de Boro-Boudor, à Java.

Une canne en main, et suivi seulement de son chien, le Roi traverse d'un pas léger la terrasse du restaurant et va s'asseoir sans cérémonie à la table qui lui est réservée sur la pelouse.

Il a l'air de la meilleure humeur du monde et les traits de son visage ne dénotent pas la moindre fatigue.

Le grand-duc Boris, le prince et la princesse Guillaume de Suède sont, entre autres personnages princiers, invités à souper avec le Roi, qui termine ainsi gaiement la soirée de son couronnement.

Deux heures du matin avaient sonné quand Sa Majesté donna le signal du départ. Nous la reverrons presque chaque soir au Bazar, se promenant ainsi sans contrainte au milieu de ses hôtes.

CHAPITRE VI

AU SIAM

La procession solennelle. — Le Roi reçoit les adresses de son peuple. — La rivière illuminée. — La cérémonie sur le Menam. — Dîner de gala. — L'hommage de la jeunesse scolaire. — Bal ministériel. — La revue des troupes.

3 décembre. — Les brillants spectacles qui composent le programme des fêtes ne sont point limités à l'intérieur des palais ou de la ville royale ; la tradition veut que le peuple puisse y prendre une large part.

Selon un antique usage, le roi fera le tour de la ville en procession solennelle.

Le parcours est suffisamment long pour que tous les habitants de la capitale et la foule accourue des provinces avoisinantes aient l'occasion de contempler leur souverain, accompagné du cortège le plus pompeux qui ait jamais traversé les rues de Bangkok. Outre les groupes si décoratifs que nous avons déjà admirés dans la procession de la veille, le public verra défiler des détachements de toutes les troupes qui composent la nouvelle armée siamoise.

Ce cortège sera bien l'image du Siam d'aujourd'hui, d'un pays qui, tout en ayant réformé ses institutions et son armée et en les adaptant au progrès des sciences modernes, a su, néanmoins, conserver intactes les traditions et le caractère propre de sa vie nationale.

On y verra les pittoresques costumes des musiciens et des porteurs du baldaquin royal, les anciennes tenues des hallebardiers et de l'escorte du feu roi, suivis des uniformes modernes des gardes à cheval, de l'artillerie, des équipages et de l'infanterie.

A l'une des extrémités de l'esplanade qui fait face à la ville royale, un pavillon provisoire, tendu de tapis et d'étoffes rouges, a été élevé spécialement pour que le Roi puisse y recevoir aujourd'hui les hommages de son peuple (1).

Au centre de cette gracieuse construction se trouve la loge royale, richement drapée et décorée.

L'aile droite du pavillon est occupée par les princes, tandis que la Reine mère a pris place à gauche dans une loge spéciale. Les représentants étrangers, les personnes de la suite des princes et les grands dignitaires de la cour, avec les fonctionnaires, sont assis en bas, des deux côtés de la loge royale, sous une grande tente rouge.

Nous retrouvons la même disposition et le même

(1) Le rouge est la couleur royale, en général. Mais chaque roi a adopté une couleur particulière. S. M. Maha-Vagiravudh a choisi le jaune et le noir, tandis que son père s'était prononcé pour le rose.

placement des invités dans tous les pavillons temporaires élevés pour servir à des cérémonies analogues.

L'espace encore libre sous la tente et tous les abords de cette dernière sont occupés par le peuple.

Hommes, femmes en vêtements de fête et parure des grands jours, enfants encore à la mamelle et nus comme des vers, sont accroupis, corps contre corps, et attendent, silencieux et impassibles, l'arrivée du souverain.

La procession royale est déjà sortie de l'enceinte du palais. Elle contourne lentement l'esplanade envahie par une foule énorme. On dirait, de loin, que le palanquin du roi est porté par son peuple.

Au moment où le cortège s'arrête devant le pavillon, l'hymne national siamois retentit. Le Roi vient prendre place dans sa loge. S'approchant de celle-ci, le ministre du Gouvernement local lit une longue adresse où se trouvent exprimés les sentiments de loyauté et de reconnaissance qui animent le peuple siamois envers son souverain. Une auréole de popularité entoure déjà le jeune Roi, bien qu'il ne soit au pouvoir que depuis un an.

Deux nouvelles institutions, dues à son initiative, celle des *Boys-Scouts,* ou jeunes éclaireurs, et celle du corps de volontaires appelés « Tigres sauvages », ont rencontré, dans le pays, l'accueil le plus empressé.

A son tour, Sa Majesté lut, d'une voix ferme et distincte, sa réponse à l'adresse de son peuple. Quand

LA PROCESSION SOLENNELLE SORTANT DU PALAIS

Elle eut terminé son discours, la foule indigène poussa, avec un ensemble admirable, un hourra à la siamoise, sorte de huée prolongée. Puis le Roi remonta sur son palanquin et la procession se remit en route pour se rendre au temple de *Bovoranives,* où se trouve une image célèbre du Bouddha.

Sur tout son parcours, les troupes font la haie. Dans l'avenue ombragée, plusieurs estrades ont été construites pour les écoles de jeunes filles et les dames siamoises. Celles-ci, sortant de leur réserve habituelle, agitent frénétiquement des mouchoirs de couleur au passage de Sa Majesté.

Nous attendrons le retour du cortège dans un autre pavillon, également rouge, or et violet, où se sont rassemblés les membres de la colonie européenne. Les messieurs sont en habit noir et cravate blanche; les dames en élégantes et légères toilettes de tulle. On entend parler toutes les langues. Bangkok compte environ quinze cents Européens, bien que son climat ait une assez mauvaise réputation. Les Anglais forment la majorité. Viennent ensuite les Allemands et les Danois, qui se partagent le commerce international et les entreprises industrielles. Un certain nombre de Danois sont employés dans la gendarmerie, et servent encore comme officiers dans la marine, tandis que les Anglais remplissent de nombreuses fonctions dans l'administration de la justice et de la police.

Au retour de la procession, un membre éminent de la colonie anglaise prend la parole pour féliciter le Roi, qui à son tour, dans le plus pur anglais, remercie par une courte allocution. Il assura qu'il considérerait toujours comme un de ses premiers devoirs de protéger et de stimuler le développement du commerce international, en maintenant des relations amicales avec tous les pays étrangers. Ces paroles bienveillantes furent chaudement acclamées par tous les assistants.

La colonie européenne a été, du reste, très touchée de la place qui lui a été accordée dans la cérémonie du couronnement.

Bien que 5 heures aient déjà sonné, la procession royale est loin d'avoir terminé son parcours. Le Roi est remonté en palanquin pour être porté jusqu'au temple élevé en commémoration du fondateur de la dynastie actuelle. Il ne rentrera pas au palais avant d'avoir traversé une grande partie de la ville.

On ne peut qu'admirer l'endurance et la dignité avec lesquelles le monarque se soumet à toutes les exigences du cérémonial.

Ce soir-là, le grand-duc Boris doit prendre part au festin que le jeune ministre de la marine, prince de Nakon-Sawan, offre aux princes étrangers avant de leur faire admirer les illuminations de la rivière, que nous irons contempler, accompagnés de notre aimable capitaine siamois.

LA PROCESSION SOLENNELLE DU COURONNEMENT

Un rapide *moto-boat* a été mis à notre disposition pour descendre le fleuve.

C'est un spectacle grandiose et mystérieux. Rives, navires, embarcations de tout genre, resplendissent de mille feux, de rosaces, de figures d'éléphants et d'inscriptions lumineuses, qui se confondent avec les étoiles du ciel.

Le yacht royal, le *Maha Chakkri*, est orné d'un triple feston de lampes électriques. Tous les navires, sans exception, bâtiments de commerce, paquebots ou humbles sampans, sont décorés de lanternes qui se reflètent, en scintillant, dans le miroir éblouissant de la rivière.

Nous louvoyons avec précaution entre des embarcations de toutes grandeurs, surchargées de spectateurs, sans nous lasser d'admirer le spectacle féerique des rives illuminées. Jusqu'à plusieurs milles en aval du centre de la ville, les lanternes des innombrables maisons-bateaux et des villages construits sur pilotis vous donnent l'illusion d'une ville de feu flottante qui n'en finirait plus.

Ce puissant fleuve n'est pas seulement la grande artère commerciale du royaume. Il est aussi la principale, pour ne pas dire l'unique voie de communication qui relie les provinces du nord à la capitale, la condition essentielle de la prospérité économique de la contrée.

On peut dire que la majorité de la population du

Siam vit sur l'eau, et même, une partie du temps, dans l'eau.

Il est donc naturel que le Menam, fleuve auquel les indigènes prêtent, du reste, un caractère sacré, tienne une large place dans le programme des fêtes.

4 décembre. — Après avoir passé la matinée tranquillement au palais d'Amporn, où le grand-duc reçoit à déjeuner les princes Chira et Chakrabon, nous nous rendons, vers trois heures, au débarcadère royal.

Comme toujours, les princes, les invités, les grands dignitaires de la cour, les généraux doivent prendre place sous un grand pavillon rouge, en attendant Sa Majesté. La chaleur y est étouffante; mais du moins vous êtes protégés de la réverbération du soleil qui, sur la rive, est intenable.

Tout l'espace compris entre le pavillon et l'embarcadère est occupé par des officiers de l'armée et de la marine.

Rien n'est plus cher au cœur siamois que les fêtes et les cérémonies dont la rivière est le théâtre.

La procession des barques royales, à laquelle nous allons assister, est peut-être, de toutes les fêtes du couronnement, celle qui a été le moins affectée par les changements que les idées occidentales ont opérés dans ce pays. Elle a conservé un caractère national purement siamois.

LES INVITÉS CONTEMPLANT LA CÉRÉMONIE SUR LE MENAM

La rivière est sillonnée d'embarcations chargées de spectateurs indigènes. Sur la rive opposée, le Wat-Chang, le plus grandiose et le plus gracieux à la fois des temples siamois, complète le cadre original de la fête.

Comme la veille, le Roi apparaît en grande pompe, sur un palanquin. Il avait revêtu le vieux costume de guerre du pays et portait comme coiffure un grand feutre relevé sur le côté. Le bord de son chapeau était garni d'une chaîne d'émail.

Du pavillon il se rend ensuite, à pied, avec la Reine mère et les princes, sur l'embarcadère orné de fleurs et de drapeaux.

A ce moment le défilé des barques commence. Elles passent toutes, deux par deux, devant l'embarcadère, pour saluer le Roi.

Les quatre premières sont occupées par des équipes de volontaires « tigres » et des *boys-scouts*. Après, viennent les barques qui font partie de la flottille de la rivière, montées par des matelots.

En dernier lieu, suivent les gondoles historiques, construites dans le plus pur style siamois. Elles rivalisent entre elles par l'élégance de leurs formes et la richesse de leur ornementation. Avec leur proue relevée et décorée d'une énorme figure de dragon de mer, tenant suspendu entre ses dents une grosse houppe tressée de fibres dorées, avec leurs dais et leurs ombrelles emblématiques, ces majestueuses embarcations, longues d'une centaine de pieds, vous reportent, en imagination, à quelque fête du vieux Siam, alors que les rois passaient une bonne partie de leur existence en fastueuse représentation.

Toutes, elles vont virer en amont de l'embarcadère, afin de se reformer en file pour la procession solennelle.

Celles qui doivent précéder le Roi, au nombre de trente-quatre, portent, entre autres passagers, la musique, composée de trompettes, de conques et d'antiques tambours de guerre.

Les rameurs de la barque royale, qui a bien 150 pieds de long, sont vêtus de costumes écarlates et coiffés de curieux bonnets rappelant par leur forme les casques des guerriers mérovingiens. Les hommes ont conservé la vieille méthode de ramer, qui consiste à plonger leurs courts avirons dans la rivière et à les ressortir lestement, pour les dresser devant eux avec une précision mécanique. Un batelier en « panung » bleu, jaquette de soie rose brodée d'or, debout sur la poupe, règle le mouvement des rames en frappant l'un contre l'autre deux bâtons entourés d'étoffe.

S. M. Vagiravudh descend alors de l'embarcadère et prend place dans la gondole royale, sur un trône doré, à l'ombre d'un dais en spirale, richement ornementé. Le grand parasol blanc, l'éventail et plusieurs autres insignes de la royauté ont suivi le

LE DÉFILÉ DES GONDOLES HISTORIQUES

monarque, dont les vêtements de brocart doré et la couronne royale guerrière, aussi très antique, resplendissent sous un soleil éclatant.

La gondole qui porte Sa Majesté est précédée d'une somptueuse embarcation, transportant des offrandes religieuses et suivie de huit barques, avec les personnes de sa suite.

Après avoir contourné le yacht royal, la procession solennelle se rend, en longeant la rive opposée, jusqu'au temple de Wat-Chang, où le Roi fera ses dévotions.

Les invités la suivent des yeux quelque temps, puis, sans attendre son retour, quittent les bords de la rivière.

Nous avons déjà été charmés par tant de spectacles éblouissants, que le festin de gala auquel nous assistons, le soir, nous paraît relativement incolore. Et, cependant, la grande salle d'*Amarindra*, où se sont rassemblés les invités, est une merveille d'architecture siamoise, tant par la sobriété de ses lignes que par la richesse de son ornementation. Les fresques qui couvrent ses murs sont des œuvres d'art remarquables. En outre, les larges colonnes carrées, se rétrécissant vers leur partie supérieure, et les hautes fenêtres, également trapézoïdales, confèrent à ce « hall » somptueux un cachet tout particulier.

Au fond de la salle se dresse un trône doré, en

forme de bateau, surmonté de la grande ombrelle blanche royale à sept étages.

Le Roi sort d'une salle adjacente où se sont rassemblés les princes, donnant le bras à la jolie princesse Guillaume de Suède, et va se placer à la table centrale, où le suivent les princes et les princesses.

Les autres invités sont répartis autour d'une vingtaine de tables rondes, ornées de fleurs et de coupes, vrais chefs-d'œuvre d'orfèvrerie siamoise, garnies des plus beaux fruits du pays.

N'était le décor tout oriental de la salle, les uniformes blancs des militaires et des fonctionnaires et les jolis costumes nationaux des dames siamoises, vous pourriez vous croire dans la mieux stylée des cours d'Europe. Le menu est excellent, pas trop long, le service est parfait et l'orchestre du régiment de la garde exécute fort bien son programme de musique occidentale.

5 décembre. — Le matin, le grand-duc, accompagné du colonel Grabbe, va rendre visite au grand prêtre bouddhiste S. A. le prince Vajiranana.

Nous allons ensuite déjeuner chez le prince Chakrabon, dans sa jolie résidence de Dusit-Park.

Le prince est un camarade de régiment du grand-duc et a reçu le titre de prince de Bisnulok, nom d'une province du royaume. Durant son séjour en Russie, il fit la connaissance d'une jeune Russe, origi-

DANS LA COUR DU PALAIS

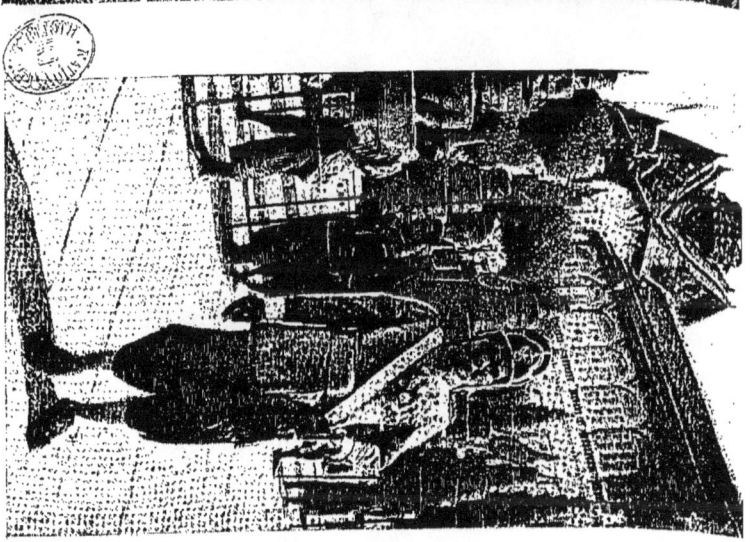

UN GARDE DU CORPS SIAMOIS

naire de Kieff, et l'épousa. Mme de Bisnulok, car elle n'a pas reçu le titre de princesse, porte le costume national de sa nouvelle patrie, sans toutefois avoir adopté la coiffure des dames siamoises. On sait que celles-ci ont les cheveux courts taillés en brosse. Il semble, du reste, qu'elle se soit bien acclimatée à Bangkok, où elle nous assure que les Européens peuvent vivre mieux qu'on ne le supposerait, à condition de conformer leurs habitudes aux exigences du climat.

En sortant de chez le prince, nous allons assister à une des cérémonies les plus touchantes du couronnement.

Autour du grand pavillon élevé sur l'Esplanade, dix mille enfants, garçons et fillettes, se sont rassemblés pour présenter, eux aussi, leurs hommages au Roi. Les plus petits sont accroupis aux premiers rangs, sous la tente rouge, à quelques pas de la loge royale.

Il serait difficile de préciser l'âge de ces bambins. A les juger d'après leur taille, — car ils ne sont guère plus hauts que des bottes, — on leur donnerait trois ans, mais leur figure est si éveillée qu'ils pourraient bien en avoir six.

Les fillettes, en « panung » rose, vert, bleu ou jaune, ont les cheveux relevés et attachés par un gros nœud de la même couleur. C'est à ces nœuds qu'on les distingue des petits garçons, qui, eux aussi, portent des « panungs » de couleur vive.

Toutes ces petites têtes dirigent leurs grands yeux noirs du côté de la loge où elles vont pouvoir contempler leur Roi. Ce petit monde reste très sérieux, pleinement convaincu de la solennité de la circonstance.

Autour de la tente, sur l'Esplanade, les élèves des diverses écoles du gouvernement, les étudiants, les cadets des écoles militaires et navales, les *Boys-Scouts* sont alignés en rangs serrés et complètent cet inoubliable tableau.

Parmi le personnel enseignant, vous distinguez quelques institutrices européennes, des professeurs en habit noir et aussi un certain nombre de prêtres catholiques et de sœurs.

Quand le Roi entra dans sa loge, il fut accueilli par les hourras prolongés de toute la jeunesse scolaire.

Le ministre de l'Instruction publique lut alors une adresse, qu'une jolie fillette présenta au monarque sur une coupe dorée, suivant l'usage du pays.

Vivement touché, le souverain, s'adressant à la jeunesse, prononça une longue allocution, qui fut écoutée avec le plus profond silence; puis le défilé des écoliers commença. Il fallait voir la peine que se donnaient les plus jeunes pour emboîter le pas à leurs camarades plus âgés! Quand le Roi se retira, l'enthousiasme fut à son comble. Ne connaissant plus de retenue, les fillettes agitèrent leurs mouchoirs et les garçons firent voler par milliers leurs casquettes dans les airs.

Le programme de la journée se termina, le soir, par une représentation de gala au théâtre royal.

Au Siam, le théâtre est excessivement populaire. Il diffère du théâtre chinois et japonais par le fait qu'il ne connaît pas de scènes parlées, mais seulement des danses ou des chants.

Les sujets de pièces sont empruntés aux actions légendaires des héros et des dieux hindous, telles qu'elles sont racontées dans les annales bouddhistes.

Tandis que les Chinois n'admettent pas les femmes sur la scène, les Siamois — grands amateurs du beau sexe — leur accordent une large place dans le spectacle. Plusieurs animaux, entre autres des singes, l'un vert, l'autre noir, jouent aussi, dans ces spectacles, un rôle prépondérant.

La scène n'est fermée par aucun rideau et se prolonge jusqu'au milieu de la salle par un tréteau, à l'extrémité duquel sont postés deux superbes hallebardiers.

Deux orchestres indigènes, cachés dans des loges, de chaque côté de la scène, jouent sans discontinuer, à tour de rôle.

Le programme du spectacle est à lui seul une œuvre d'art. C'est tout un livre richement relié, en cuir repoussé, contenant un compte rendu de la pièce, en siamois et en anglais, avec des images coloriées des principaux personnages.

La première partie est remplie par un ballet allégorique intitulé *Parasu-Rama et Mekhala*.

Du ciel, couvert de nuages bleus, blancs et verts, tombent des pétales de fleurs. C'est le printemps. Dieux et déesses fêtent joyeusement le retour de la belle saison. Parmi eux se trouve le dieu de la guerre et Mekhala, une déesse des mers, qui possède une perle remarquable. Le redoutable Parasu-Rama, le dieu porteur de la hache, ayant aperçu le précieux joyau, descend soudain des nues et fait irruption parmi les danseurs. Ceux-ci s'enfuient effarés, car ils savent qu'il est l'ennemi juré de toutes les races guerrières. Seule, la déesse des eaux s'est dissimulée derrière un nuage.

Mais le terrible Rama a vite fait de la découvrir et veut s'emparer de sa perle. Cependant, la déesse se joue de lui, et tout en ayant l'air de la lui donner, lui fait faire le tour de l'Univers. Furieux de ne pouvoir l'approcher, il veut lui jeter sa hache qui produit la foudre ; mais, à ce moment, la déesse l'éblouit d'un éclair de sa perle et disparaît dans les ondes.

Ces danses, très originales, ne manquent pas de grâce, bien qu'elles consistent surtout en poses successives et en contorsions lentes. Elles dénotent, en tout cas, beaucoup d'étude.

La danseuse siamoise ne saute jamais. Elle avance à petits pas, les genoux pliés en dehors, en croisant lentement une jambe sur l'autre, de façon à maintenir chaque fois le pied dressé en l'air, durant quelques instants.

Ses jambes sont nues jusqu'au genou et chaque

doigt de ses mains est prolongé par des ongles en argent ou en or, recourbés en forme de griffes. Jeunes et jolies, du reste, les danseuses se poudrent le visage, les bras et les jambes et portent un riche costume, composé d'une haute coiffure dorée, en spirale, d'une mantille brodée et d'un « panung » de soie.

A minuit, un entr'acte d'une demi-heure permet aux invités de prendre l'air dans le jardin et de se réconforter dans des foyers garnis de buffets froids.

Un épisode du Ramayana forme le sujet de la seconde partie du spectacle. Ici, nous assistons au siège de la cité de Lanka, l'ancienne capitale de Ceylan. Rama et ses héros, parmi lesquels les fameux chefs des singes et des ours guerriers, livre bataille au Roi-Démon et à son armée, qui s'est enfin décidée à sortir des murs de la ville.

Le combat est acharné. Les guerriers pivotent en brandissant leurs glaives ; les singes bondissent dans la mêlée et sont parfois terrassés par de gracieuses déesses. Finalement, Rama réussit à percer avec ses flèches les dix têtes et les vingt bras du Roi-Démon, qui n'en meurt pas pour cela, mais abandonne le champ de bataille et rentre dans sa ville.

Les costumes sont splendides, la mise en scène admirable, mais ce spectacle, sans doute très classique, — *very old style,* comme me dit un officier siamois, — nous paraît bien long et monotone. Aussi, quand le Roi se retira, vers deux heures du matin, une bonne partie des spectateurs européens quittèrent également la salle, sans attendre la fin de la représentation, qui dura encore une bonne heure.

Rentrés au palais, nous fûmes réveillés par un « tokké », qui faisait sa chasse nocturne jusque sous les murs de notre galerie. Jamais encore nous n'en avions entendu si près, mais ce fut en vain que nous cherchâmes à le découvrir. Nous savions que c'était là le cri d'un grand lézard, qu'on nous avait dépeint comme un animal répugnant, ayant une tête de crapaud et les pattes garnies de ventouses. D'aucuns prétendent même que s'il s'agrippait à la peau d'un homme, on ne pourrait plus l'en détacher.

Quelques jours plus tard, nous fûmes voir un de ces animaux, dont nos domestiques avaient réussi à s'emparer, après une chasse en règle.

Quand un bébé siamois n'est pas sage, sa nourrice l'effraie en lui disant que le « tokké » viendra le prendre; mais, en somme, c'est un animal parfaitement inoffensif, que le Siamois se garde bien de tuer, car il nettoie les murs des habitations de nombreux insectes dont ils sont couverts.

*
* *

Au programme du 6 décembre figure la cérémonie de la bénédiction des drapeaux et étendards; un ban-

LES PRINCES ÉTRANGERS SE RENDANT A LA REVUE DES TROUPES

quet militaire au Grand Palais, et, finalement, un bal donné par le ministre du Gouvernement local.

Un immense pavillon, ouvert de trois côtés, a été construit, pour la circonstance, dans les jardins du ministère. Le Roi, entouré des princes et des princesses, prend place sur une estrade, au centre, d'où il domine d'un côté la salle de bal, de l'autre le salon. Il s'entretient avec les princesses étrangères, dont les ravissantes toilettes font l'admiration de tout le monde. Une bonne partie de la colonie européenne est présente à cette fête. Au milieu des uniformes blancs tournoient bientôt des danseurs en culottes courtes *(breeches)*, habit noir et escarpins, car, au Siam, comme à Londres, c'est la tenue prescrite pour les réunions mondaines en présence du Roi.

Les dames siamoises ne dansent pas, et n'ont pas non plus adopté jusqu'ici les modes occidentales. Toutes, sauf les deux filles d'un ambassadeur siamois, portent le costume national, qui leur sied si bien. Outre leurs jambes fines, leurs jolies épaules et la ligne irréprochable de leur cou, les Européennes pourraient leur envier, ce soir, leurs colliers et leurs pendentifs de diamants. Déjà quelques jeunes filles des classes supérieures ne se coupent plus les cheveux en brosse, mais les laissent retomber sur leurs épaules (1).

(1) Sous le règne précédent, toutes les dames de l'entourage du roi revêtaient, chaque jour de la semaine, un « panung » de couleur diffé-

Le bal fut interrompu, à minuit, par un souper servi dans le jardin brillamment illuminé.

7 décembre. — Je n'ai pas besoin de dire que dans notre palais nous jouissons de la plus large hospitalité. La cuisine et le service y sont parfaits, et aussi bien le général Phya Sakda que le capitaine Ahbibal, veillent continuellement à ce que nos moindres désirs soient exaucés.

Le grand-duc a invité aujourd'hui à déjeuner notre ministre à Bangkok, M. de Plançon, avec sa femme et les deux secrétaires de la mission.

Nous avions tous été peinés d'apprendre la mort de deux braves marins de l'*Aurora,* emportés par une entérite aiguë. Ils viennent d'être enterrés, avec les honneurs militaires, au cimetière européen de Bangkok. Plusieurs de leurs camarades sont assez gravement atteints de la même maladie. Les médecins nous assurent, pourtant, que ces cas resteront isolés et ne sauraient être attribués au choléra, plus ou moins endémique dans cette contrée. En se promenant dans les bazars chinois de la ville, nos pauvres marins avaient commis l'imprudence de goûter à plusieurs mets exotiques et à des fruits peu digestibles pour des estomacs européens.

Après le déjeuner, nous allons assister au plus

rente. Aujourd'hui, elles n'ont plus besoin de se conformer à cette règle. Chacune s'habille dans la couleur qui lui plaît.

LA REVUE DES TROUPES

LA REINE-MÈRE ARRIVANT AU PAVILLON ROYAL

brillant spectacle militaire que Bangkok ait jamais vu.

L'esplanade est couverte de 30 000 soldats, qui, dans un alignement irréprochable, attendent, sous un soleil de plomb, l'arrivée de Sa Majesté.

Ces dernières années, l'armée siamoise a été entièrement réorganisée. L'ancien système des castes militaires a été remplacé par le service obligatoire pour tous. Chaque Siamois, entre dix-huit et quarante ans, peut être appelé sous les drapeaux. Toutefois, de nombreuses exemptions sont admises.

Le service dans l'armée active dure deux ans ; après quoi, le soldat passe dans la réserve.

Les neuf dixièmes des officiers sortent du Collège militaire Royal. Beaucoup d'entre eux sont envoyés en Europe, soit en Angleterre, soit en Allemagne, en Autriche et aussi en Danemark pour y compléter leur éducation.

Comme le Siam est un pays essentiellement agricole, le gouvernement a cru bien faire en adoptant l'enrôlement régional, qui offre plus de facilités au conscrit.

Accompagné du colonel comte Grabbe et de deux aides de camp, le grand-duc Boris s'est rendu au Grand Palais pour se joindre au cortège royal.

Les troupes que le Roi va passer en revue comprennent trois corps d'armée et un certain nombre de compagnies représentant les circonscriptions éloignées. Pour les invités, une tente a été dressée sur la lisière de l'esplanade.

Tout se passe ici comme en Europe, en pareille occasion. Sa Majesté arrive, en uniforme de feld-maréchal, à la tête d'une brillante cavalcade, composée de tous les princes étrangers et d'une nombreuse suite militaire. La Reine mère, accompagnée de la jolie princesse de Petchaburi et des deux princesses étrangères, suivent dans des équipages de gala, attelés à la Daumont, et font également le tour des rangs. Ensuite, le Roi vint se placer avec son cortège devant notre tente et la parade commença. Durant deux heures, les troupes, commandées par le lieutenant général prince Chakrabon, défilèrent d'un pas léger, avec une absolue régularité de mouvements. Les soldats ont bonne tournure, dans leur tunique gris clair et leur pantalon bleu foncé, serré à la cheville par des molletières de laine. Seuls les régiments de la garde portent des casques tropicaux, à pointe; les soldats de la ligne sont coiffés de casquettes en toile, analogues à celles des Russes.

Après l'infanterie, l'artillerie de montagne passa; puis la cavalerie, montée sur de petits poneys siamois; mais les cavaliers sont eux-mêmes de si petite taille, que leurs chevaux ne paraissent pas disproportionnés.

Quand les derniers escadrons eurent défilé, le vaste champ de Mars était déjà entré dans la pé-

LE YACHT ROYAL

LA REVUE DES TROUPES

nombre; mais son cadre pittoresque, formé par les pagodes et les toits pointus de la ville royale, brillait encore de mille reflets dorés.

Ces troupes, bien équipées et bien disciplinées, prouvent les progrès que l'armée siamoise a réalisés depuis quelques années.

A l'issue de la revue, le Roi conféra le bâton de feld-maréchal au prince Chira, et le titre de généralissime au prince Chakrabon, commandant général des troupes de la circonscription de Bangkok.

Une superbe retraite aux flambeaux, dans la vaste cour du ministère de la guerre, termina la série des spectacles militaires de cette mémorable journée.

CHAPITRE VII

AU SIAM

Excursion aux ruines d'Ayuthia. — Une ville flottante. — Bang-pa-in, le Versailles siamois. — La fête de la Marine. — La parade du corps des « Tigres sauvages ». — Départ de Bangkok.

8 décembre. — Après tant de fêtes et de brillantes cérémonies dans la capitale, une excursion à l'intérieur du pays devait nous procurer une agréable diversion. Aussi, tous les princes étrangers et leur suite furent-ils fidèles au rendez-vous, à sept heures et demie du matin, pour le départ d'un train spécial à destination d'Ayuthia.

La contrée plate que nous traversons est couverte, en majeure partie, de marécages, de rizières entrecoupées de bouquets de bambous ou de palmiers. A chaque instant la voie franchit des canaux ou bien longe des étangs parsemés de fleurs de lotus et de nénuphars. Quelques huttes, bâties sur pilotis, sont disséminées çà et là dans la campagne à demi inondée. Des indigènes, perchés sur des buffles, sont les seuls êtres vivants qu'on aperçoive au milieu des eaux jaunâtres.

UN TEMPLE MODERNE A AYUTHIA

Le trajet dure une heure et demie. Nous voici en gare d'Ayuthia. Une flottille d'embarcations à rames nous attend pour nous mener, par eau, au débarcadère royal. C'est près de là que le « breakfast » nous sera servi, dans un grand pavillon rouge, comme toutes les constructions de ce genre réservées à l'usage du Roi.

L'ardeur du soleil est déjà brûlante. Plusieurs énormes éléphants des écuries royales ont été mis à la disposition des princesses et de leurs dames d'honneur, pour franchir la distance de deux kilomètres environ qui nous sépare encore de la ville en ruines. Le paysage devient sauvage et bientôt vous êtes entourés de murs délabrés, de vestiges de palais ou de pagodes. D'immenses tours dominent, au loin, la forêt de baniers et la brousse, qui ont envahi aujourd'hui l'ancienne résidence des rois de Siam.

Ayuthia fut, pendant des siècles, non seulement la capitale du royaume, mais aussi une des plus belles villes de toute cette partie de l'Asie.

Située au confluent des trois fleuves, elle avait concentré, dans ses murs, tout le commerce du pays, à une époque où la plaine basse du Siam était encore couverte d'une jungle impénétrable. En raison de sa prospérité, elle attira bientôt la convoitise de ses puissants voisins, les Birmans, qui vinrent l'assiéger avec une nombreuse armée et réussirent à s'en emparer, après une résistance héroïque qui dura deux ans.

La merveilleuse cité fut saccagée et brûlée.

Nous touchons ici à une des pages les plus douloureuses de l'histoire du Siam.

Pendant plusieurs années, l'ennemi resta maître du pays, jusqu'à ce qu'enfin les Siamois, rassemblés sous la conduite d'un aventurier chinois, aussi habile que courageux, réussirent à chasser les envahisseurs. Après sa mort, ce fut un de ses généraux, un prince originaire du Cambodge, qui monta sur le trône du Siam et devint le père de la dynastie actuelle. Mais Ayuthia ne fut pas reconstruite; le monarque fixa sa résidence plus au sud sur le Menam, à l'endroit qui, avec le temps, devint la ville de Bangkok.

Le climat chaud et humide, la forêt tropicale et ses lianes ont continué, depuis, l'œuvre dévastatrice des Birmans.

Entre autres ruines imposantes, voici celles d'une pagode dont la façade seule est restée debout. Sa haute porte encadre une énorme statue en bronze du Bouddha, d'un effet saisissant. Non loin de là, une série de *dagabas* — monuments bouddhiques en forme de cloche — bien conservés, révèlent les dimensions considérables d'un autre temple, dont les murs ne sont plus qu'un monceau de briques envahi par la brousse. Et les quelques monuments qu'on nous montre, durant notre courte promenade, ne constituent qu'une infime partie des ruines gran-

SUR LA RIVIÈRE, A AYUTHIA

RUINES D'ANCIENS TEMPLES BOUDDHISTES (DAGOBAS)
A AYUTHIA

dioses qui sont enfouies dans la jungle et sont condamnées à une entière destruction.

Quelques exemplaires remarquables de poteries siamoises, trouvés dans les décombres, furent offerts aux princes en souvenir de cette excursion.

Non loin de l'emplacement de l'antique cité, sur les bords de la rivière même, a surgi une autre ville, unique au monde en son genre, et dans laquelle jamais personne n'a pu entrer de plain-pied. Elle est exclusivement composée d'habitations flottantes. Serait-ce le sort de l'ancienne capitale et la crainte d'une nouvelle invasion qui auraient décidé, il y a cent ans, ses premiers habitants à établir leurs demeures sur l'eau?

La nouvelle Ayuthia, la cité flottante, avec ses 35 000 habitants, qui en font la deuxième ville du royaume, pourrait se déplacer dans les vingt-quatre heures. Elle n'a rien à craindre, non plus, des crues du Menam, qui, à une certaine époque de l'année, transforme la région en un véritable lac. Ville originale s'il en fut, où le tapage de nos rues est chose inconnue, où les enfants apprennent à nager en même temps qu'à marcher, où l'habitant n'a qu'à descendre un escalier pour prendre son bain matinal et la femme de ménage qu'à étendre les bras pour faire sa lessive.

Il faut parcourir les canaux d'Ayuthia pour se faire une idée de la singulière circulation de cette ville aquatique. Ici, les pirogues remplacent les rikshas ; les radeaux sont substitués aux camions ; et de larges embarcations, recouvertes d'un toit voûté formé de feuilles de palmier, servent de boutiques ambulantes aux marchands de poissons, de fruits et de légumes.

Des milliers de bateliers vivent du transport du bois de teck sur cette rivière, qui est la grande, pour ne pas dire l'unique artère commerciale du pays. Les rives du fleuve disparaissent entièrement derrière une double rangée de maisons flottantes, entourées de galeries, que protègent de larges toits pointus. Seules, les habitations des riches ont des cloisons de bois, enjolivées de sculptures à la siamoise. Les pauvres vivent sur des radeaux, dans des huttes recouvertes de simples nattes.

Nonchalamment étendus sur des nattes, les vendeurs mâchent du bétel ou fument, en attendant le client.

En sortant de l'artère principale, nos embarcations s'engagent en longues files, dans un étroit bras de rivière, qui fait le tour de l'île, où s'élevait l'ancienne capitale.

A cette époque de l'année, les eaux se sont retirées, en découvrant des rives vaseuses. Les bateaux qui doivent soutenir la maisonnette, quand les eaux monteront, reposent à sec entre les pilotis. D'après la hauteur de ces derniers, on peut juger de l'importance de la crue.

DANS LE PARC DE BAN-PA-IN

UN PAVILLON DU PARC

Vous découvrez, à chaque instant, dans la forêt, quelque ruine mystérieuse de temple ou de palais.

Ici, de tout jeunes enfants se baignent dans l'eau jaunâtre et nous saluent gentiment, à la façon siamoise, en joignant leurs petites mains sur leur poitrine. Plus loin, nous croisons, dans une étroite pirogue, un prêtre bouddhiste, en toge jaune, qui va sans doute quêter une assiette de riz à la porte de quelque habitation flottante.

Les huttes pauvres ressemblent à des nids perchés dans les bambous. Toute une famille y vit sur un plancher couvert de nattes, à l'abri d'un toit en feuilles de palmier.

A chaque instant, des poissons sautent à la surface de l'eau, mais il est rare, aujourd'hui, qu'on y rencontre des crocodiles; ils se sont retirés dans le cours supérieur du Menam.

Soudain, la rivière s'élargit. Nous avons fait le tour de l'île et nous voici de nouveau sur le Menam. Une autre flottille, composée de *moto-boats*, nous attend près de la rive, pour descendre le large fleuve.

Une heure après, nous débarquons à Bang-pa-in, le Versailles siamois, situé à une dizaine de kilomètres en aval d'Ayuthia.

Ce magnifique parc est une des créations du roi Chulalongkorn. Entouré de canaux ombragés, il renferme plusieurs palais, des pagodes et des villas pour les gens de la cour.

On a peine à imaginer qu'il y a vingt ans tout cet espace n'était qu'une forêt marécageuse, peuplée d'éléphants sauvages.

Dès l'entrée, nous sommes frappés par l'élégante architecture siamoise d'un pavillon, en forme de croix, qui se reflète avec une pureté absolue dans les eaux claires d'un vaste bassin.

D'autres pavillons, non moins remarquables, sont construits dans le style de la Renaissance italienne. Grâce à ses terrasses fleuries, à ses lacs artificiels et ses magnifiques pelouses ornées des plantes les plus rares, le parc de Bang-pa-in se prête admirablement à toutes sortes de réceptions et « garden-parties ». Les plus anciens résidents européens de la capitale se souviendront encore longtemps des fêtes vénitiennes et des illuminations féeriques que le roi Chulalongkorn donnait, ici, durant les mois d'été.

Ce merveilleux parc compte, parmi ses plus beaux édifices, un palais construit dans le plus pur style chinois, renfermant une collection remarquable de meubles et d'objets d'art de provenance chinoise.

Le lunch nous est servi à deux heures, dans le palais d'été du Roi, sorte de grand pavillon aménagé à l'européenne et décoré de sculptures en bois foncé, ornementées de dorures. Puis, des embarcations nous emmènent de nouveau, par un canal, jusqu'à la gare de Bang-pa-in, où nous reprenons le train pour Bangkok.

Le programme des fêtes est loin de toucher à sa fin. Après un dîner au ministère des Affaires étrangères, dont le titulaire est, depuis de longues années, le prince Devawongse, le ministre de la Marine, prince de Nakon-Sawan, frère du Roi, donna encore une splendide fête de nuit au ministère, situé sur les bords de la rivière.

Dès le début de son règne, S. M. Vagiravudh éleva le département naval au rang de ministère de la Marine.

A vrai dire, la marine siamoise ne possède pas, jusqu'à présent, de grands bâtiments de guerre ; mais seulement un certain nombre de canonnières et quelques torpilleurs. Elle a, par contre, toute une flottille fluviale. La barre du Menam constitue, en elle-même, la plus efficace des défenses naturelles, et dispense le gouvernement d'entretenir une flotte de guerre. Seul, le yacht royal, le *Maha Chakkri*, jauge 3 000 tonneaux.

Sous un pavillon brillamment illuminé, le Roi répond à l'adresse qui lui fut présentée, par une allocution très chaude, à en juger par l'enthousiasme qu'elle provoque dans les rangs des officiers de marine.

Après cette cérémonie, les invités, au nombre de plusieurs milliers, rassemblés sur la terrasse du ministère, purent contempler, dans la soirée, le spectacle féerique des gondoles historiques illuminées, défilant devant l'embarcadère royal.

Ces merveilleuses barques portent chacune sept ombrelles emblématiques, dont les petites lumières se reflètent, en scintillant, dans les eaux du Menam.

Chaque roi se faisait construire, autrefois, un certain nombre de ces gondoles de parade. La première de la file fut construite, il y a cent trente ans, par le premier roi de la dynastie actuelle. La troisième, celle que montait le Roi pour la cérémonie quelques jours auparavant, s'arrêta, en passant, devant l'embarcadère, et présenta au souverain un bouquet de fleurs dans une coupe dorée.

Les rameurs chantent d'anciennes mélodies siamoises et soulèvent, à chaque coup d'aviron, comme une pelletée d'argent liquide.

La rive opposée n'est plus qu'une immense traînée lumineuse, couronnée par l'immense pyramide illuminée du Wat-Chang, tandis que la rivière resplendit des innombrables lampes des navires et des embarcations.

Après le souper, le large fleuve s'embrasa de feux d'artifice de toutes couleurs, se jouant comme un essaim de diablotins à la surface de l'onde.

Quand, enfin, vers deux heures du matin, le Roi monta en équipage avec la princesse de Petchaburi, il fut l'objet d'une ovation inattendue. Des marins se précipitèrent devant les chevaux, les dételèrent et ramenèrent, à bras, le monarque jusqu'à la porte de son palais, escortés d'une foule transportée d'un enthousiasme indescriptible.

Il ne nous reste plus que deux jours à passer dans la capitale siamoise.

Profitant d'une matinée libre, le grand-duc visita les joyaux de la couronne, conservés dans une salle spéciale, à l'étage supérieur du Grand Palais.

Tout à côté se trouve une chambre funéraire contenant, dans des urnes, les cendres des deux derniers rois.

Nous déjeunons ensuite chez le ministre de la Marine, dans son joli palais au bord de la rivière.

Au menu du déjeuner, servi par petites tables, figurait, entre autres plats exquis, un punch à la siamoise, sorte de crème glacée faite de bananes et de citrons, et présentée dans des noix de coco. Nous goûtons aussi à un fruit légèrement acidulé, grand comme une amande, appelé « saba ».

Il faut se garder, toutefois, d'un fruit d'origine chinoise, qui a la couleur d'une grenade et dont la saveur est si astringente, qu'après en avoir mangé vous n'êtes plus à même d'ouvrir la bouche. Je ne connaîtrais pas de meilleur remède pour certains orateurs intempérants.

Dans l'après-midi, nous allons voir la parade du corps des volontaires, appelés *wild tigers* ou « tigres sauvages », créé, il y a quelques mois seulement, par le Roi et qui compte déjà plusieurs milliers d'inscrits, tant dans la capitale qu'en province.

Leur uniforme original nous avait déjà frappés,

dans les diverses réunions de fêtes et cérémonies.

La loi de conscription en vigueur dans le pays admet, nous l'avons vu, de nombreuses exemptions ; les divers employés du gouvernement échappent, en particulier, au service militaire. C'est précisément pour développer les sentiments patriotiques parmi les fonctionnaires, pour réunir par un lien national plus étroit les employés des diverses branches de l'administration, que Sa Majesté a eu l'idée de fonder cette association.

Si nous remontons dans l'histoire du pays, nous voyons que les ancêtres des Siamois ou « Thaïs », probablement d'origine chinoise, étaient un peuple de guerriers. Mais, en même temps, comme le nom de Thaïs l'indique, ils se vantaient d'être des « hommes libres », qui, ayant rejeté le joug chinois, étaient venus se fixer dans la fertile vallée du Ménam. Pour s'y maintenir, il fallut bien que chaque homme portât les armes, car ils étaient entourés de puissants voisins. Dans le cours des siècles, leur domination s'étant consolidée, l'ancien système militaire fit place à une caste guerrière qui, à son tour, dégénéra si bien, qu'avec le temps, le soldat n'y fut pas mieux considéré qu'un esclave.

S'il reste, chez les Siamois d'aujourd'hui, quelque chose de l'ancien guerrier thaïs, d'un autre côté, toute contrainte lui est pénible. En tenant compte de ces deux traits caractéristiques du Siamois, l'institution du corps des « Tigres » ne pouvait manquer de remplir son but patriotique.

Chaque Siamois de bonne réputation peut être admis comme membre d'un club de « Tigres » et doit alors prêter serment de fidélité au Roi. Les officiers de l'armée et de la marine peuvent en faire partie, mais seulement en qualité de membres extraordinaires.

Pendant que nous prenons le thé dans le pavillon du club, à « Dusit-Park », les bataillons des « Tigres » défilent en bon ordre, musique en tête, et vont s'aligner sur la pelouse. Les hommes sont vêtus d'une chemise noire à col rabattu, de culottes courtes, laissant le genou à découvert, et de bas noirs. L'aile droite de leur chapeau mou, à larges bords, est relevée sur le côté par une cocarde jaune et noire, ornée d'une petite tête de tigre. Ils sont munis d'une hache ou d'un couteau, qu'ils portent à la ceinture, et d'un sifflet attaché à un cordon; mais il est question, paraît-il, de les armer plus tard de fusils.

Il y a quatre compagnies de la garde. La première, commandée par le Roi, est une compagnie d'élite. On considère comme une grande faveur de pouvoir servir dans ses rangs. Les grades sont conférés personnellement par le Roi, et selon son bon plaisir. Ainsi le général prince Chakrabon, et l'amiral prince de Nakon-Sawan, ne sont que sous-officiers des « Tigres ».

Monté sur un poney, le Roi, en uniforme de général des « Tigres », accompagné de son état-major du même corps, procède à la revue des troupes qui défilent ensuite devant le pavillon du club.

Jeunes et vieux (car il y a, dans les rangs, de tout jeunes gens et aussi des hommes à moustache grise) s'efforcent de tenir l'alignement. Un vieux tombe, sans doute frappé d'insolation. Vite on l'emporte, sans que l'ordre soit en rien troublé. On est étonné de voir des hommes, ayant reçu une si courte instruction militaire, exécuter toutes les évolutions en pelotons avec autant de précision.

Cette organisation a certainement des côtés bizarres. Toujours est-il qu'en répondant avec tant d'empressement à l'appel de son jeune souverain, le peuple siamois a montré qu'il est toujours prêt à suivre l'exemple que lui donneront les classes dirigeantes. D'aucuns prétendent, il est vrai, que les Siamois se sont lancés dans la voie des réformes beaucoup moins par propre persuasion que par esprit d'émulation vis-à-vis des races blanches. « Faites disparaître les Européens du Siam, — me disait un membre de la colonie étrangère, qui habite Bangkok depuis quinze ans, — et vous verrez les Siamois retourner à leurs anciennes habitudes et retomber dans leur apathie naturelle. »

Quoi qu'il en soit, et déjà pour la bonne raison que les Européens, loin de diminuer au Siam, s'y éta-

LA PARADE DES « TIGRES SAUVAGES »

blissent, au contraire, chaque année en plus grand nombre, je ne vois, au début de ce règne riche en promesses pour l'avenir, rien qui soit de nature à empêcher le développement progressif de ce si intéressant pays.

Nous voici à la veille de notre départ. Il est regrettable que nous ne puissions prolonger notre séjour pour faire connaissance avec les provinces du Haut-Siam, qu'on dit si pittoresques. Malheureusement, un troisième matelot de l'équipage de l'*Aurora* vient de succomber, et le commandant est d'avis qu'il faut quitter le plus tôt possible les parages malsains de l'embouchure du Menam.

Une « garden-party », très réussie, à la légation de Russie, et une remarquable fête vénitienne au club des « Tigres », suivie de feux d'artifice, terminèrent la série des fêtes de ce pompeux couronnement, qui a coûté, dit-on, plus de seize millions de francs.

Dans la matinée du 11 décembre, le grand-duc alla visiter, au cimetière européen, les tombes de nos pauvres matelots; puis, à midi, nous quittons, pleins de regrets, notre charmant palais d'Amporn, pour nous rendre au Grand Palais.

Le grand-duc Boris, reçu en audience privée, remercie le Roi de son chaleureux accueil et lui fait ses adieux. Sa Majesté nous souhaite aimablement, à tous, bon voyage.

Quelques minutes plus tard, nous prenons congé,

sur l'embarcardère, des princes, des dignitaires de la cour et du personnel de la légation de Russie.

Le prince Chakrabon et sa femme, ainsi que la princesse Guillaume de Suède, ont accepté de venir prendre le thé à bord de l'*Aurora*, et s'embarquent avec nous sur le yacht royal, pour descendre le cours du Menam.

A cause de la marée montante, nous mettons quatre heures pour atteindre notre croiseur, qui est resté ancré à la même place, à cinq milles du rivage.

Sur la dunette, garantie des rayons du soleil couchant par des drapeaux formant rideaux, plusieurs tables ont été préparées pour le thé. Les officiers s'empressent autour de la charmante princesse de Suède, heureuse de se retrouver sur un navire russe. De son côté, le prince Chakrabon, qui parle couramment le russe, est très écouté par ses voisins, tandis que sa femme fait l'étonnement des matelots dans son panung de soie.

Cependant, le moment des adieux est arrivé. Pour nous consoler du départ, notre aimable général siamois nous crie « Au revoir ! » car il est persuadé que nous reviendrons, un jour ou l'autre, au Siam.

La soirée est plus belle que jamais. Sous un ciel empourpré, le *moto-boat,* qui emmène nos hôtes, se confond bientôt avec la surface sombre de la mer.

Nous apprenons avec plaisir, du docteur en chef, que nos huit autres malades sont en bonne voie de guérison. Quant à nos officiers, bien qu'ils aient tous eu, à tour de rôle, des permissions pour aller visiter Bangkok, ils ne sont pas fâchés de reprendre la mer. Ils se souviendront longtemps de ce mouillage dans un golfe inhospitalier, par une température qui se maintint, dans les cabines, à 32 degrés Réaumur.

En nous réveillant, le lendemain matin, sous l'impression encore toute fraîche des magnifiques spectacles du couronnement, il nous sembla, lorsque nons entendîmes les bruits coutumiers du bord, que nous venions de vivre, en rêve, les splendeurs d'une féerie éblouissante.

CHAPITRE VIII

A SINGAPOUR

Au Raffle's Hotel. — Façon de vivre en pays tropical. — La ville européenne. — Les quartiers chinois. — Une mascarade originale.

Au sortir du golfe de Siam, la mer devient houleuse. Nous sommes loin du ciel serein de Bangkok. De gros nuages crèvent, à chaque instant, en averses si drues que l'eau traverse les tentes et nous chasse dans nos cabines. L'humidité pénètre partout.

Voici, de nouveau, la rade de Singapour. Des flottilles de pittoresques sampans, dont les grandes voiles brunes sont gonflées par le vent du large, passent à nos côtés, pour disparaître ensuite dans la forêt des mâts du port commercial. Les marchands de coquilles arrivent de toutes parts et entourent aussitôt notre croiseur.

Heureusement que tous ceux de nos matelots qui étaient partis malades de Bangkok sont presque rétablis. Il faut donc espérer que nous échapperons à une quarantaine. Les officiers du service sanitaire ne se montrent pas difficiles; tout va bien. Du reste,

LA RADE DE SINGAPOUR, VUE DE LA TERRASSE
DU RAFFLE'S HOTEL

L'HÔTEL DE VILLE DE SINGAPOUR

une agglomération comme Singapour est rarement indemne de maladies infectieuses. Au dire de notre consul, il y a eu plusieurs cas de peste, ces jours derniers, dans le quartier chinois, et le choléra fait toute l'année des victimes parmi la population indigène. Cependant, le climat n'a pas la réputation d'être malsain.

Nous voici de nouveau attablés pour le lunch dans la grande salle du Raffle's Hotel. Quel globe-trotter ne connaît cet énorme caravansérail ? A l'arrivée de chaque paquebot, — et ceux-ci sont nombreux, car tous les navires à destination de l'Extrême-Orient font escale à Singapour, — des centaines de passagers, trop heureux de sentir la terre ferme sous leurs pieds, s'arrêtent une nuit ou deux au Raffle's Hotel. « C'est dommage que vous ne soyez pas arrivés hier, nous dit le manager, nous avions ici quatre cents touristes américains, en croisière sur un paquebot de plaisance, et vous auriez pu vraiment vous amuser au bal qui a suivi le dîner. »

« Les dames étaient-elles jolies ? » demanda l'un de nous. Le manager, poli, prétend que oui; mais un jeune Russe, qui avait assisté à la fête, nous assure que nous n'avons rien perdu. Les beautés professionnelles préfèrent les capitales européennes et les villes d'eaux, à des tournées en pays tropicaux. Elles ne se hasardent guère dans ces climats défavorables au teint, où la chaleur humide démolit les coiffures les plus solidement édifiées, et où il leur faudrait, du moins pendant le jour, renoncer à l'usage du corset. Beaucoup sont effrayées à l'idée d'être obligées de remplacer leurs élégants chapeaux parisiens par des casques peu seyants.

Mais ce n'est pas uniquement là une question de toilette ou de coquetterie féminine. Bien des gens vous diront qu'ils ne voyagent pas dans les contrées tropicales, non seulement parce qu'on y étouffe, mais aussi à cause des hôtels, où l'on mange de la ratatouille, dont les chambres manquent de baignoires et sont envahies, en outre, par toutes sortes d'horribles bêtes.

J'admets que les ragoûts épicés, les currys et autres particularités de la cuisine anglo-indienne ne conviennent pas à tout le monde et sont de nature à effrayer les estomacs blasés par la cuisine raffinée de nos restaurants européens. Il est certain aussi que, dans le voisinage de l'équateur, les conditions de confort requises pour un hôtel sont très différentes de celles que nous sommes en droit d'attendre dans nos villes d'Europe. Les tentures de soie, les tapis, les meubles, souvent plus luxueux que commodes, font ici place à la plus élémentaire simplicité. Un grand lit entouré d'une moustiquaire, une armoire, une table ronde, une toilette et quelques chaises, voilà, à peu de chose près, ce qui constitue le mobilier ordinaire d'une chambre.

Le plancher est recouvert d'une natte, et pour faire la sieste, vous avez un grand fauteuil à bras *(easy-chair)*, placé généralement dans une sorte d'antichambre, fermée du côté de la galerie par un simple paravent. Un grand ventilateur électrique, que vous réglez à votre convenance, vous procure un courant d'air artificiel.

Quelle que soit la saison, la couverture est superflue. Vous dormez sur un drap, avec un léger costume de nuit, ou pijama, et les oreillers, de même que les matelas, sont toujours très durs, afin de ne pas provoquer la transpiration.

Mais parlons, pour être complet, du cabinet de toilette. Là est le point faible. Pourtant, n'en déplaise au touriste trop exigeant, la baignoire y est remplacée par un réservoir en béton conservant l'eau agréablement fraîche et d'où vous la puisez, à l'aide d'un petit baquet en bois, pour vous asperger le corps à la façon des indigènes. Le colonial anglais ou hollandais prend ainsi une douche à son lever; il en prendra une seconde en rentrant de sa promenade matinale ou de son exercice sportif, puis une troisième, le soir, avant de faire sa toilette pour le dîner. Ce mode d'ablutions vous procure une agréable sensation de fraîcheur et a sa raison d'être. Des bains complets et chauds, aussi répétés, seraient, dans ces climats, par trop affaiblissants.

Quant aux « closets », nos ancêtres, habitués aux

chaises percées, n'y auraient rien trouvé à redire. Les boys chinois sont très diligents et veillent à ce que votre chambre soit toujours en bon ordre.

A cette époque de l'année, les orages sont à l'ordre du jour et l'atmosphère est à tel point saturée d'humidité que les vêtements et les chaussures moisiraient, si l'on ne prenait la précaution de les exposer au soleil. Aussi voyez-vous partout, sur les galeries, une exposition de jupes, de pantalons, de smokings retournés à l'envers, qui, si peu esthétique qu'elle soit, ne choque personne. C'est chose commune en pays tropical. Les corridors n'existant pas, toutes les chambres ouvrent sur ces galeries, d'où l'on jouit d'une jolie vue sur la rade.

Durant la nuit, vous vous contentez de clore les persiennes, ou, si vous voulez profiter aussi largement que possible de la brise marine, vous fermez un simple portail, qui est juste assez haut pour vous mettre à l'abri des passants. A vrai dire, n'importe qui pourrait l'escalader, sans que vous vous en aperceviez.

Évidemment, nous sommes loin, ici, des appartements somptueux des palaces européens; mais cette existence à l'air, la nuit comme le jour, ne manque pas, dans sa primitive simplicité, d'un charme particulier. Vous oubliez volontiers les mille exigences du confort et les complications qui grèvent notre existence dans les pays du nord.

Bien que la chaleur accablante du jour maintienne le corps en état de transpiration continuelle et débilite, à la longue, les organismes les plus solides, il n'en est pas moins vrai que les coloniaux, qui séjournent plus longtemps sous cette latitude, subissent fatalement la fascination de la nature tropicale. Beaucoup même ne peuvent plus se résigner à rentrer finir leurs jours sous le ciel gris d'Europe.

Rien d'étonnant, en outre, qu'ils se sentent oppressés dans l'entassement de nos villes et gênés dans le cercle étroit des préjugés de notre vie sociale.

J'ai connu un Anglais, une forte nature, à en juger d'après son extérieur, qui avait fait ici une jolie fortune. Pour l'éducation de ses enfants, il résolut de retourner en Angleterre. Deux ans plus tard, pris de la nostalgie des tropiques, il s'en vint revoir Singapour où il resta, au lieu de quelques semaines comme il en avait l'intention, encore plusieurs années. Puis, pour fortifier sa résolution de quitter pour toujours le pays, il se décida à vendre son joli bungalow et repartit pour Londres. Il n'y tint pas plus longtemps que la première fois, et s'embarqua de nouveau pour Singapour, où il était descendu à l'hôtel, en attendant de trouver une habitation qui lui convînt.

Il est incontestable qu'on se sent vivre plus librement dans ces pays, où tout a sa place au soleil, où la nature n'est pas parquée et resserrée par les travaux de l'homme, où les animaux eux-mêmes sont libres et jouissent de la protection de la religion. Et pourtant, les Européens ne sauraient s'y acclimater d'une façon durable. Leurs femmes y deviennent anémiques, et déjà leurs petits-enfants ne peuvent plus s'y reproduire. C'est l'éternel problème des colonies en pays tropicaux. Les blancs ne peuvent y subsister en tant que race et sont obligés, pour y maintenir leur domination, d'avoir recours à des renforts incessants d'immigrants.

Il n'y a pour ainsi dire pas de saison à Singapour. Durant toute l'année, la température ne varie que de deux ou trois degrés; le soleil se lève à six heures du matin et se couche à six heures du soir, et des ondées bienfaisantes viennent continuellement rafraîchir la végétation.

C'est un printemps perpétuel. En novembre et en décembre, on voit tomber, en quelques minutes, des quantités d'eau invraisemblables, que le soleil pompe, du reste, aussitôt, avec une rapidité non moins surprenante.

Le Raffle's Hotel se trouve à quelques pas de l'Esplanade, vaste pelouse très verte bordée, du côté de la rade, par une superbe avenue bien ombragée. C'est ici que se trouvent, entre autres, l'église anglicane, le club, l'hôtel de ville et l'imposant édifice du nouveau théâtre. De là, deux ponts, dont l'un, de construction récente, est vraiment monumental, conduisent, par-dessus la rivière qui fourmille de sampans, au quartier des banques, des agences et des magasins européens. Dans cette partie de la ville, l'animation est telle qu'on pourrait s'y croire dans la Cité de Londres.

Des coureurs malais, attelés à d'élégantes rikshas, entièrement laquées et ornées de dessins de fleurs et d'animaux, trottent avec une élasticité inouïe au milieu d'une foule de gens affairés, composée des éléments les plus divers. Chinois, Hindous, Birmans et Javanais côtoient, dans les rues, les colons, les misses anglaises et les nombreux touristes qui font la tournée des magasins.

Dans les banques, dans les agences, tous les employés subalternes sont des Chinois.

Singapour est, du reste, une ville presque chinoise; les Célestes y forment les deux tiers de la population. Beaucoup d'entre eux habitent des bateaux sur la rivière.

Il suffit de parcourir les quartiers indigènes pour avoir un avant-goût des villes de l'Empire du Milieu, — aujourd'hui la grande République chinoise, — de leurs boutiques et aussi de leur parfum spécifique.

Les Chinois de Singapour se préoccupaient beaucoup, à ce moment, de la révolution, dont ils étaient de chauds partisans. On nous raconte que les plus pauvres se font couper leur tresse et la vendent, pour être à même d'envoyer quelques « cents » au comité révolutionnaire.

En traversant, un soir, le quartier chinois, nous rencontrâmes un grand char brillamment éclairé, sur lequel deux danseurs masqués s'adonnaient à des mouvements frénétiques. Il était suivi de tout un cortège d'animaux fantastiques en carton, de dragons illuminés, qu'une foule en délire accompagnait en lançant des pétards. Nous assistions, paraît-il, à une démonstration chinoise en faveur de la révolution.

Un des tristes côtés de cette vie coloniale, c'est l'extrême licence des mœurs. Nulle part ailleurs, je n'ai vu la prostitution s'étaler aussi ouvertement que dans certaines rues de la ville chinoise. Des femmes européennes, en robes de soie décolletées, guettent les bandes joyeuses et les interpellent dans toutes les langues. A l'entrée des maisons de thé, des Japonaises, alignées comme des poupées, hèlent les passants en leur criant : *Come in, come in!* avec un sourire de gamines, tandis que les femmes chinoises, au visage reluisant d'émail, restent devant leurs portes, immobiles comme des figures de faïence.

Des rues entières retentissent jusqu'au matin des chants, des danses et des sons criards des gramophones.

Le 6/19 décembre, l'*Aurora* quitte la rade de Singapour. Le comte Grabbe, rappelé par son service à Pétersbourg, nous a déjà quittés, et s'est embarqué à bord d'un paquebot allemand.

C'est la Saint-Nicolas, grand jour de fête à bord.

Avant le service religieux, nos aspirants, au nombre de seize, furent promus officiers. Le grand-duc a été autorisé, par un télégramme de l'Empereur, à leur annoncer cette heureuse nouvelle.

Le même jour, à quatre heures, nous passons l'équateur.

Selon une ancienne coutume qui prévaut dans la flotte, c'est l'occasion d'une mascarade très originale, organisée par un certain nombre de matelots.

Un vénérable Neptune, accompagné d'Amphitrite, de naïades et de tout un cortège de diables peints en vert et armés de tridents, fait le tour du navire, en procession solennelle, et va trôner devant un grand bassin, fait de fortes toiles, installé sur la proue.

A ses côtés, un aide de camp tient un registre et procède à l'appel nominal de tous ceux qui n'ont jamais encore traversé l'équateur.

Sans se faire prier, le grand-duc plonge le premier dans le bassin. Puis les monstres verts nous empoignent tous successivement et nous précipitent sans plus de façon dans le bain équatorial. Tous les jeunes officiers y passent, l'un après l'autre, à la grande joie des matelots. C'est ensuite le tour des sous-officiers. Ceux-ci sont soumis préalablement à une cérémonie particulière : on leur peinturlure la figure avant de leur faire la barbe avec un grand rasoir en bois. Je n'ai pas besoin de dire que l'eau du bassin a bientôt pris toutes les couleurs de l'arc-en-ciel! Les plongeons continuent. Neptune est impitoyable. Ses soldats fouillent tous les recoins du navire et vont chercher les récalcitrants jusqu'à fond de cale. Personne n'échappe! Le restaurateur et le cuisinier sont, eux aussi, précipités dans le bouillon.

Durant une heure, nous assistons à des scènes inénarrables. Chaque homme est amené de force devant Neptune, qui lui demande s'il veut se baigner? Inutile de répondre non, car le bain est obligatoire. Il faut se garder, également, d'entrer dans l'eau sans la permission du dieu de la mer, car vous êtes aussitôt repêché et rejeté dans le bassin.

Finalement, les plus rébarbatifs, ou ceux qui s'étaient cachés, sont arrosés sur le pont avec les tuyaux des pompes.

La cérémonie se termine par un concert, ou plutôt par une incroyable cacophonie, exécutée au moyen d'instruments bizarres, par un orchestre de monstres aquatiques.

Le dîner fut plus gai que d'habitude. On y fêta les jeunes officiers qui, pour la première fois, prenaient part à la table du mess.

Le jour suivant, nous naviguons entre les promontoires de Sumatra et l'île montagneuse de Banka, entourée d'îlots verts, que des effets de mirage rejoignent les uns aux autres.

Puis nous entrons dans la mer intérieure de Java, semée d'une quantité d'îles qui en rendent la navigation fort difficile. Le commandant ne ferma pas l'œil de la nuit. L'*Aurora* a ralenti sa marche pour ne pas arriver trop tôt, le lendemain, à Batavia.

Par mesure de précaution, le docteur nous administre à tous un cachet de quinine, car la côte plate de Java, en continuelle formation d'alluvions, a la réputation d'être très fiévreuse.

CHAPITRE IX

A JAVA

Arrivée à Tandjong-Priok. — Batavia et Weltevreden. — Le Jardin Botanique. — Au musée zoologique. — Bogor. — L'islamisme à Java. — La langue malaise. — Richesses naturelles de l'île.

21 décembre. — Dans l'atmosphère éthérée, une chaîne bleue de dômes volcaniques se découvre à l'horizon. C'est l'île enchanteresse de Java, la plus riche et la plus peuplée de toutes les colonies hollandaises. Elle a cinquante-huit fois la superficie de la Hollande et compte plus de 30 millions d'habitants, tandis que sa grande sœur, l'île de Sumatra, bien que quatre fois plus étendue, en a seulement 4 millions. Et pourtant, cette dernière ne le cède en rien à Java, sous le rapport du climat et des richesses naturelles du sol; mais sa population s'est opposée avec opiniâtreté et résiste encore à la pénétration hollandaise.

On sait les sacrifices d'hommes et d'argent que la Hollande a dû faire depuis vingt-cinq ans pour avoir raison des populations belliqueuses du nord de Sumatra.

Nous mouillons à Tandjong-Priok, le port actuel de Batavia.

A quatre heures de l'après-midi, le consul général d'Allemagne, Dr Lettenbauer, chargé de représenter aussi la Russie, vient nous chercher en automobile pour nous amener à Weltevreden.

Sur le quai, une foule d'indigènes, bizarrement accoutrés, nous regardent débarquer avec le plus vif intérêt.

La route suit, à travers les marais, le canal qui relie le port avec la ville de Batavia, bâtie à l'européenne par les premiers colons, au commencement du dix-septième siècle, sur les ruines de l'ancienne Jakatra.

De plus en plus séparée de la mer par d'incessantes formations d'alluvions, Batavia, dont le séjour malsain a coûté la vie à tant de vaillants soldats et de pionniers de la civilisation, est aujourd'hui désertée par les Européens. Ses vieilles maisons patriciennes ne sont plus occupées que par des bureaux ou des magasins et ses canaux sont en partie comblés par les cendres d'une série de formidables éruptions volcaniques.

La colonie hollandaise a transporté ses pénates à deux kilomètres plus au sud, et y a fondé une ville unique en son genre, dans une situation plus élevée et moins exposée aux influences délétères du climat paludéen de la côte.

Weltevreden, la Batavia moderne, est, en effet, plutôt une agglomération de villas, semées dans un parc immense, qu'une véritable ville. C'est, sans contredit, actuellement, une des plus belles capitales de l'Orient. Elle fait pâlir de plus en plus les autres villes importantes de province, telles que *Sourabaya* et *Samarang*.

Avant que la nuit tombe, nous avons le temps de faire le tour de la *Köningsplein*, vaste pelouse qui couvre environ un mille carré et forme, pour ainsi dire, le centre de cette ville de bungalows, ou habitations coloniales enfouies sous la verdure.

Toutes ces maisons blanches, à toits plats, n'ont qu'un étage et sont à peu près construites sur le même type. Elles comprennent un vestibule à colonnes, dallé de marbre chez les riches, un « hall » central, grand ouvert, sur les côtés duquel se trouvent les chambres. Une large galerie fait le tour de la maison et protège ses murs de la chaleur du soleil et des pluies diluviennes. C'est vous dire qu'on y vit toute l'année comme en plein air, et que ces demeures, bien que généralement précédées d'un jardin, ne sont point fermées aux regards du passant. Nous en voyons partout les habitants groupés autour d'une table à thé ou jouissant, étendus sur des chaises longues, de la fraîcheur relative de la fin du jour.

La température moyenne, à Batavia, est de 28 degrés centigrades à l'ombre pendant la saison sèche, c'est-à-dire de juin à octobre, et de 26 degrés centigrades durant les mois pluvieux de janvier ou février, qui sont les plus frais de l'année.

Entre cinq et sept heures du soir, les superbes avenues qui entourent la *Köningsplein* servent de promenade favorite aux Européens. Nous y croisons une quantité d'élégantes victorias, de petites voitures attelées de poneys, et de bicyclettes, pour ne pas parler des piétons, dont les vêtements blancs contrastent avec les costumes bariolés des gens du pays.

L'animation est encore plus grande sur le Noordwijk, le grand boulevard commercial de la ville, où les colons viennent, à la tombée de la nuit, s'attabler aux terrasses des cafés et des restaurants.

Rien n'est plus original que le va-et-vient de cette rue, où se coudoient tous les éléments de la population de la ville, Hollandais, métis, Malais trapus et bien musclés, Javanais aux formes sveltes et délicates, Chinois et Arabes.

Dans cette foule bigarrée, vous retrouvez toujours les silhouettes pittoresques du porteur d'eau et du marchand de fruits, avec ses deux paniers suspendus, en balance, à un bâton flexible.

Un tramway à vapeur relie le Noordwijk avec les faubourgs indigènes.

Au nombre d'environ trente mille, les Célestes sont pour ainsi dire parqués dans un quartier à part, qui leur fut assigné à la suite d'une rébellion qu'ils fomentèrent contre les dominateurs hollandais.

Ai-je besoin de dire qu'ils ont accaparé presque totalement le commerce de l'île?

Les Malais sont plus aptes que les Javanais aux gros travaux. On sait qu'ils sont les meilleurs traîneurs de pousse-pousse du monde.

Plus indolent, le Javanais s'adonne de préférence aux travaux agricoles ou s'engage comme serviteur dans les maisons européennes. Il sera toujours poli, bienveillant envers les étrangers et porte encore l'empreinte d'une antique civilisation.

Quant aux Japonais, quoique leur nombre n'atteigne pas deux mille, ils font de grands efforts pour prendre pied à Java, surtout depuis qu'ils ont obtenu, après la guerre russo-japonaise, d'être traités sur le même pied que les Européens.

Après cette intéressante promenade, nous allons prendre possession des chambres qui nous ont été réservées à l'Hôtel der Nederlanden, situé entre le Köningsplein et le Noordwijk.

L'auto s'arrête dans une avenue ombragée, devant un petit pavillon. C'est l'appartement destiné au grand-duc et à l'un de ses aides de camp. Il se compose d'un petit salon, ouvert sur un balcon, de deux chambres à coucher et d'un bain. L'aménagement en est fort modeste, mais d'une propreté exemplaire. Des nattes javanaises, tout unies et fort simples, recouvrent les briques vernies qui servent de plancher.

UN RESTAURANT INDIGÈNE A JAVA

Cette disposition des chambres, dans des pavillons séparés, reliés entre eux par une galerie, fait ressembler l'hôtel à un village, dont l'église serait remplacée par un grand bâtiment central, où se trouve la salle à manger.

Quel que soit le degré de luxe ou de confort de nos hôtels européens, vous n'y échappez pas à la promiscuité des corridors, aux bruits du service ou des voisins peu scrupuleux. Ici, vous êtes chez vous, bien tranquilles, et, qui plus est, comme en plein air. Ce n'est pas le boy javanais qui troublera votre sieste, car il circule pieds nus et vaque à son service sans que vous vous en aperceviez. La nuit, un gardien se promène dans les allées et veille à la sécurité des voyageurs.

Ce soir-là, notre consul offrit au grand-duc Boris et à sa suite un excellent dîner, dans la grande salle du Restaurant Versteeg, sur le Noordwijk. Cet établissement, qui comprend un restaurant, une « bodéga », une pâtisserie et un magasin de conserves, est justement renommé et sert également à des réunions mondaines.

Parmi les invités, se trouvaient le commandant de notre croiseur et l'amiral hollandais Hoekvater, homme fort aimable, ayant consacré trente années de sa vie au service de la flotte hollandaise des Indes.

Le gouvernement ne prodigue pas des congés à ses fonctionnaires. Il leur accorde seulement des vacances de neuf mois, après sept ans de service, ou d'un an après quatorze années consécutives.

Après le dîner, nous allons faire une partie de billard au Club Harmonie, dont les grandes salles à colonnes et les galeries, brillamment éclairées, servent, chaque soir, de rendez-vous aux notables de la colonie européenne.

Du reste, vers les onze heures au plus tard, les salles se vident et la ville rentre dans l'ombre.

Batavia ne connaît pas de quartiers de plaisir où la vie nocturne se prolonge jusqu'au matin, comme c'est le cas à Singapour, Hongkong ou Yokohama. La législation hollandaise est très stricte sur ce point et ne tolère pas la prostitution des femmes européennes.

Délicieux réveil, le lendemain matin, dans le petit pavillon que j'occupe à l'hôtel, avec le comte Wielopolski. Nos chambres donnent sur un petit jardin ombragé d'un grand palmier et orné d'arbustes en fleurs. Quantité d'oiseaux chantent dans les buissons, tandis que de grands merles, noirs et blancs, sautillent sur le gazon en picorant des vers. On ne se croirait pas dans un hôtel, au centre même de la capitale.

Au saut du lit, vous allez vous asseoir sur la galerie pour respirer l'air matinal embaumé. Aussitôt, le boy vous apporte, pour votre premier déjeuner, dans un flacon minuscule, une essence de café exquise, que vous mélangez avec du lait, à votre convenance.

Il n'est pas encore sept heures, et déjà la plupart de nos voisins sont sortis en ville pour s'occuper de leurs affaires, avant que la chaleur du jour soit trop pénible.

« *You must fight the climate* », dit l'Anglais. Le Hollandais n'est pas du même avis; il préfère conclure un compromis avec le climat, se laisser aller à une façon de vivre plus paresseuse. Les exercices corporels, les sports n'exercent sur lui qu'une faible attraction. Le plat de riz coutumier ou « rijstafel » prédispose, en plus, les hommes, ainsi que les femmes, à un embonpoint précoce.

Il ne fallait pas manquer de visiter le Musée, grand bâtiment blanc, de style grec, situé aux abords du Köningsplein. On peut y voir une remarquable collection d'antiquités javanaises, d'armes et d'objets d'art provenant des Sultans et princes indigènes.

A quatre heures nous partons, en compagnie du consul et de sa femme, pour Buitenzorg, où le gouverneur général a invité le grand-duc. Un wagon spécial a été mis à sa disposition.

La voie parcourt tout d'abord une région basse, à moitié inondée pour la culture du riz. Bien qu'elle soit très peuplée, vous ne voyez pas d'habitations; les villages sont entièrement cachés sous des bouquets de bambous, de palmiers et de cocotiers. Insensiblement, la ligne du chemin de fer s'élève sur les contreforts des montagnes que dominent, à notre droite, le cône immense du volcan *Salak,* et plus loin, à gauche, la pyramide effilée du *Gédeh,* haute de 2 960 mètres et dont le sommet est continuellement caché dans les nuées. Java ne compte pas moins de quatre-vingt-douze volcans. Sumatra en possède encore davantage.

Après un trajet d'une heure, nous entrons en gare de Buitenzorg, où le gouverneur général, Idenburg, est venu à la rencontre du grand-duc Boris.

Des équipages, conduits par des cochers avec laquais galonnés, nous emmènent en quelques minutes à la Résidence, par la célèbre allée de waringins, une des curiosités du parc.

La couleur grisâtre, l'aspect fissuré des troncs de ces arbres séculaires, les branches qui en retombent comme autant de stalactites, font ressembler cette avenue à une tonnelle de verdure, supportée par de fantastiques piliers de pierre.

A notre approche, une troupe de petits cerfs, tachetés de blanc, qui broutaient sur les pelouses voisines, s'esquivèrent par bonds saccadés.

Sur la terrasse du palais, d'où l'on jouit d'une vue ravissante sur le parc, la femme du gouverneur, assistée de plusieurs jeunes dames, nous offrit du thé, puis l'aide de camp du gouverneur nous conduisit dans nos chambres, en nous faisant passer par une galerie où se trouvent réunis tous les portraits des

LE WARINGIN GÉANT

gouverneurs généraux qui ont administré Java depuis deux siècles.

Murs, colonnes, décorations très sobres, ornées seulement de quelques dorures, tout est blanc dans ce vaste palais. Les salles, les escaliers, les galeries sont dallés de marbre blanc immaculé et si reluisant qu'on y marche comme sur des miroirs.

Une heure plus tard, nous redescendions dans la grande salle à manger pour prendre place à une table artistiquement décorée de feuillages multicolores, de gardénias parfumés et d'énormes « Victoria Regia », sorte de lotus à fleurs blanches.

Le dîner, auquel vingt-quatre personnes avaient été conviées, parmi lesquelles les principaux fonctionnaires avec leurs épouses, commença par une courte prière muette du gouverneur, puis un orchestre militaire se fit entendre, et les laquais javanais, très typiques dans leur « samrong » et coiffés d'un fichu enroulé autour de la tête, se mirent à passer les plats avec un calme tout oriental. Ils circulent pieds nus, sans le moindre bruit, sur les dalles de marbre resplendissantes.

Après que le café eut été servi sur la terrasse, les invités se retirèrent. Chacun se couche tôt dans ce pays, pour mieux profiter des heures matinales.

Buitenzorg, le « Sans-Souci » javanais, est non seulement la principale résidence du gouverneur, mais aussi le siège du gouvernement. Les regards de tous les employés et les aspirations de tous les administrés se dirigent du côté de ce paradis terrestre.

Nommé par la Reine, le gouverneur général est un petit roi. Chef de l'armée (1) et de la marine coloniale, il nomme tous les fonctionnaires civils ou militaires et jouit de pouvoirs discrétionnaires étendus. Il a sous ses ordres cinq directeurs, sorte de ministres, pour la justice, les finances, l'armée, la marine et les travaux publics, ainsi qu'un conseiller indigène. Largement rétribué, il dispose, en outre, d'un palais à Weltevreden et d'une maison de campagne à Tjipanas, dans un climat idéal, à 5 700 pieds au-dessus du niveau de la mer.

Sous la conduite du docteur Köningsberger, nous visitons, le lendemain matin, le fameux Jardin Botanique qui forme une dépendance du parc. Situé à une altitude de 265 mètres, il couvre un espace de 58 hectares et n'a pas son égal dans le monde, sous le rapport de la beauté et de la variété des espèces qu'il contient. Le ciel pourvoit régulièrement à son arrosage, car, à Buitenzorg, il pleut tous les jours entre deux et quatre heures de l'après-midi.

La matinée est radieuse. Au-dessus des énormes

---

(1) L'armée coloniale, dont l'effectif en temps de guerre atteint 33 682 hommes, forme un corps indépendant de l'armée hollandaise du continent. Il se compose d'un tiers d'Européens et de deux tiers d'indigènes. Les officiers, tous européens, sont recrutés dans l'armée hollandaise ou parmi les élèves sortis des collèges militaires. Chaque année passée dans les colonies compte pour deux ans de service.

AU JARDIN BOTANIQUE DE BUITENZORG

massifs d'arbres, vous apercevez, à l'horizon, le cône bleuâtre du volcan Salak.

Nous longeons, pour commencer, un étang couvert de fleurs de lotus et de Victoria Regia, fleurs blanches de la grosseur d'un melon et dont les feuilles, rondes comme des assiettes, atteignent jusqu'à cinquante centimètres de diamètre.

Fondé en 1817, ce jardin s'est développé et transformé avec les années en un véritable établissement scientifique, où le botaniste peut étudier, classés en diverses sections, plus de dix mille spécimens de la flore tropicale, ici dans toute sa splendeur. Plusieurs laboratoires, un herbarium et plusieurs stations expérimentales pour la culture du café et du tabac permettent à l'étudiant et au savant d'y compléter leurs recherches.

Une des plus belles sections, celle des palmiers, renferme, à elle seule, plus de deux cents espèces différentes, variant à l'infini sous le rapport de leur forme et de leur dimension.

Parmi les arbres les plus frappants, je citerai le *Traveller's tree* ou « arbre du voyageur », ainsi nommé parce que ses tiges renferment un suc potable et rafraîchissant. Le *Pandanus,* dont les longues feuilles retombent jusqu'à terre; l'énorme *Xantophyllum,* à l'ombre épaisse duquel on éprouve une agréable sensation de fraîcheur.

Voici la section des conifères, avec diverses

espèces d'*Araucaria*; celle des élégantes fougères arborescentes. Plus loin, nous traversons une forêt de figuiers ; leurs racines contournées rampent sur le sol comme d'immenses serpents ; puis la section des lianes, des plantes grimpantes, ressemblant à un coin de forêt vierge.

A chaque instant, l'éminent directeur du Jardin Botanique attire notre attention sur quelque curiosité ou particularité de cette flore extraordinaire. Sous ce rapport, les plantes parasites mériteraient d'être spécialement mentionnées.

Que dire des fruits de l'arbre à pain ? de ceux du *Worstenbaum*, ou arbre à saucisses ? et de tant d'autres fruits déconcertants par leur forme ou leur saveur, et parfois aussi, comme ceux du *durian*, par leur odeur fétide.

Le parc est baigné, à l'est, par une petite rivière, dont les eaux claires coulent sur un lit de pierres, entre un fouillis de bambous et de roseaux énormes, et entourent une île allongée, reliée au parc par de légers ponts suspendus.

Ici, vous pouvez admirer une variété inouïe de fleurs délicates, violemment parfumées, d'arbrisseaux et de plantes, qui ne se développeraient pas dans les parties ombragées du parc. Il faut se garder de s'approcher trop de certaines plantes épineuses et vénéneuses.

Malgré le classement en espèces, ce jardin incomparable a conservé le charme et le pittoresque d'un

AU JARDIN BOTANIQUE DE BUITENZORG. LES « VICTORIA REGIA »

parc naturel, agrémenté de mouvements de terrain, de pavillons, de ruisseaux et d'étangs. Plus de cent personnes travaillent journellement à son entretien, dont deux jardiniers en chef européens, aidés d'une cinquantaine d'ouvriers indigènes et d'un nombre considérable de coolies, chargés du nettoyage et du balayage des allées.

La chaleur du jour se fait déjà fortement sentir, et cette promenade de plus d'une heure a suffi pour nous mettre en nage. Il est vrai que, suivant l'exemple du grand-duc Boris, nous avons marché d'un bon pas, je dirai même d'un pas qui a dû paraître un peu vif à notre aimable guide.

Les Européens fraîchement débarqués dans les pays tropicaux ont une réserve de vigueur que le climat ne tarde pas à atténuer s'ils y prolongent leur séjour. Ils apprennent bien vite à économiser leurs forces, en s'imposant des mouvements plus lents. A Buitenzorg, la température se maintient presque égale toute l'année. Le docteur Köningsberger nous assure qu'il ressent parfaitement une variation du thermomètre d'un demi-degré!

Le musée zoologique, que nous visitons, après nous être reposés et rafraîchis quelques instants au Palais, est du plus vif intérêt.

Il renferme une collection très curieuse de tous les animaux qui ont été rencontrés, jusqu'ici, dans les îles néerlandaises.

Dans la partie réservée aux oiseaux, nous contemplons des oiseaux du paradis, des faisans, de la grandeur d'un paon, et une variété inouïe de perroquets.

Plus loin, une vitrine renferme de grands écureuils pourvus de membranes en forme d'ailes qui forment parachute et leur permettent de s'élancer d'un arbre à l'autre en planant dans les airs.

On nous montre aussi le spécimen unique d'un lézard de trois mètres de long, découvert récemment sur les montagnes de l'île de Florès. Cet animal redoutable attaque l'homme et court avec la vitesse d'un cerf.

Voici les orangs-outangs, dont le nom vient du malais et signifie « l'homme de la forêt ». Parmi les singes, nous remarquons le *Nasique,* particulier à l'île de Bornéo. Ce curieux animal a une robe de couleur brique et un nez en trompe qui lui prête une physionomie presque humaine. Il vous donne des distractions, ressemble positivement au monsieur roux que vous avez dû rencontrer quelque part.

Les collections de serpents, de poissons, d'animaux marins, de coquilles présentent la plus extraordinaire variété de formes et de couleurs.

On peut voir, dans une cage, des tortues vivantes, toutes jaunes et supportant une carapace flasque, presque diaphane.

Vos notions d'histoire naturelle restent confondues à la vue de certains papillons dont les ailes ont abso-

AU JARDIN BOTANIQUE DE BUITENZORG. LES FIGUIERS GÉANTS

lument l'apparence d'une feuille sèche, et d'insectes brunâtres, que vous prendriez pour des petits rameaux d'arbres. Ailleurs, vous jureriez avoir devant vos yeux des feuilles vertes, enroulées. Ce sont des chenilles, qui se meuvent sur le sable.

Grâce à ces supercheries de la nature, nombre d'espèces animales se confondent avec le sol, les objets ou végétaux au milieu desquels ils vivent et réussissent ainsi à se dérober à la voracité de leurs ennemis.

En sortant du musée, nous fîmes encore une promenade en voiture dans la ville et ses environs.

Buitenzorg, que les indigènes continuent à appeler *Bogor,* est une charmante petite ville bâtie sur une hauteur dominant une riante vallée. On y trouve une église protestante, un joli club, plusieurs casernes et un champ de courses.

La plupart des coquettes demeures des Européens sont construites en bambou, par précaution, à cause de la fréquence des tremblements de terre, et disparaissent presque sous le feuillage des arbres et des plantes grimpantes.

Le village indigène, la place du marché sont restés bien typiques. Malgré un contact de deux siècles avec les blancs, ce peuple oriental a conservé intactes ses coutumes et sa manière de vivre. Bien qu'il professe depuis cinq siècles la religion que lui ont imposée des conquérants mahométans, il n'a pas renoncé cependant à ses anciennes pratiques animistes ou bouddhistes. Le passé glorieux du royaume hindou, dont « Bogor » fut la capitale, avant la domination musulmane, a laissé maintes traces dans la contrée et survit encore dans les traditions populaires.

Les cinq sixièmes des indigènes de Java sont aujourd'hui mahométans; mais l'islamisme n'a jamais poussé de racines profondes dans l'âme de ces peuples. Il n'a jamais joué aucun rôle dans leur littérature dramatique, dont tous les sujets sont empruntés aux légendes hindoues. Peu fervents, d'ailleurs, ces fidèles mahométans, en général, n'observent pas strictement le jeûne du Ramadan, et leurs femmes ne sortent jamais voilées.

Ils ont cependant un respect prononcé pour les Arabes, qu'ils regardent comme étant des cousins éloignés du « Prophète ».

Après le déjeuner au palais, le grand-duc Boris prit congé du gouverneur, en le remerciant encore de son accueil.

Nous profitons de la semaine qui nous reste, avant le départ de notre croiseur, pour faire une excursion à l'intérieur du pays. Le gouverneur a bien voulu mettre, dans ce but, un wagon spécial à la disposition du grand-duc.

Ne connaissant ni le hollandais ni le malais, encore moins le javanais, nous aurions été quelque peu

UNE MASSEUSE JAVANAISE

embarrassés de nous faire comprendre, si le vice-consul, docteur Budenbeder, n'avait consenti, sur l'invitation du grand-duc, à nous accompagner.

Il semble curieux que la langue malaise soit d'un usage aussi général aux Indes néerlandaises, attendu que l'élément malais ne représente qu'une faible partie de la population indigène. Comment se fait-il que la langue javanaise, qui est parlée par plus de vingt millions de sujets, n'ait pas la première place?

Plusieurs causes, entre autres sa simplicité, sa prononciation harmonieuse, ont contribué à faire adopter le malais comme la langue officielle du gouvernement, dans ses rapports avec ses employés et sujets indigènes. En raison de la diffusion des Malais sur tout l'archipel hollandais, vous pouvez, avec la langue malaise, vous faire comprendre partout, aussi bien à Sumatra qu'à Bornéo, Florès ou aux Célèbes. Aujourd'hui, tout employé européen qui veut entrer au service du gouvernement hollandais doit connaître le malais, ainsi qu'une deuxième langue indigène, à son choix. C'est une langue si commode et si répandue, que même les Chinois l'ont adoptée pour les transactions commerciales, non seulement à Java, mais aussi à Singapour et en Indo-Chine.

Comme les Anglais aux Indes, les Hollandais se sont trouvés, dans l'archipel indien, en présence d'une mosaïque de races et de langues. Les peuplades de Sumatra, de Bornéo ou des Célèbes diffèrent entre elles et avec celles de Java ou de Madura, tant par leur origine que par leur degré de civilisation, leur langage et leurs croyances religieuses; mais, tandis que les Anglais ont imposé leur langue aux peuples conquis et que celle-ci est devenue la langue officielle de l'empire indien, l'idiome commun dans lequel se discutent au congrès national les affaires du pays, les Hollandais, au contraire, ont fait tout leur possible pour empêcher que les indigènes, ou leurs princes, apprennent la langue hollandaise.

Il ne faut pas s'étonner qu'aujourd'hui les Javanais réclament, à grands cris, des écoles où leurs fils puissent participer plus largement aux bienfaits de la culture européenne et qui comprendraient, dans leurs programmes, l'étude des langues hollandaise et javanaise. De leur côté, les Hollandais, peu soucieux de se créer un prolétariat d'intellectuels indigènes, dont ils n'auraient que faire, voudraient que leurs sujets noirs tournassent de préférence leurs efforts vers une exploitation plus rationnelle et plus intensive des ressources naturelles du pays.

La richesse du sol, la densité de la population font de Java une des contrées les plus cultivées et les mieux exploitées du monde oriental. Ses forêts abondent en bois de teck, d'ébène et de santal, et l'exploitation de ses sources de pétrole prend chaque année un plus grand développement.

Bien que les rizières occupent les deux tiers de la superficie cultivée de l'île, elles ne suffisent point à l'alimentation de sa population. Celle-ci est obligée de recourir à des importations de riz de Singapour et de l'Indo-Chine. Avec le Brésil, Java occupe la première place dans le marché du café. Elle est en concurrence avec Cuba pour la production du sucre. Le thé, la quinine, l'indigo et le poivre sont autant de sources de richesses pour ce pays, si admirablement doté par la nature.

CHAPITRE X

A JAVA

De Buitenzorg à Garout. — Les rizières. — Une visite au sultan de Djokjakarta. — Les temples de Boro-Boudor et de Prambanam. — A Bandoung. — Départ de Batavia.

Java et sa dépendance, l'île de Madura, ont été divisées, pour les besoins de l'administration, en dix-sept provinces ou résidences, dont deux, celles des « Vorstenlanden » ou principautés, ont conservé un semblant d'indépendance.

Après Buitenzorg, la voie ferrée s'élève graduellement, en décrivant de nombreuses courbes, sur les flancs d'une large vallée, entre les contreforts de deux volcans géants, le *Salak* et le *Gédeh*, et pénètre bientôt dans la province montagneuse de Preanger.

Limitée au sud par une côte élevée qui plonge presque à pic dans l'océan Indien, cette province est non seulement la plus grande et la plus riche des divisions administratives, mais aussi la plus remarquable par ses beautés naturelles.

La première station de montagne que nous rencontrons est *Soukaboumi*, endroit de villégiature très recherché à cause de son délicieux climat. Ici, la température moyenne de l'année est de 24 degrés centigrades.

Bientôt le chemin de fer fait un coude du côté de l'est et s'engage sur un premier plateau entouré de montagnes bleues de formes volcaniques, que la transparence de l'air fait paraître plus rapprochées qu'elles ne le sont en réalité. Toute cette contrée est très peuplée et bien cultivée.

Dans les petites gares fleuries, des indigènes, au nez épaté, la tête couverte de grands chapeaux parasols, ou parapluies (car ces couvre-chefs en forme de champignon leur font double usage), nous regardent passer avec cette physionomie dépourvue d'expression qui leur est propre. Les vêtements roses, jaunes, verts-pomme ou orangés des femmes jettent une note gaie dans le paysage.

Par moment, nous traversons une jungle épaisse, formée d'un fouillis d'arbres, de roseaux gigantesques et de lianes. De légères plantes grimpantes escaladent les plus hauts troncs et retombent dans les airs en bouquets de verdure garnis de fleurs.

La végétation est si dense, si vigoureuse que la terre rougeâtre, les rochers même disparaissent entièrement à vos yeux. Sur les talus, les remblais, entre les pierres de la voie et jusque devant les gares, les plantes herbeuses repoussent à foison, tant la nature est pressée de reprendre ses droits sur les travaux de l'homme.

A mesure que nous nous élevons, le paysage devient plus sauvage. Nous côtoyons des ravins escarpés au fond desquels se dressent des arbres immenses; nous traversons, sur des ponts vertigineux, des torrents impétueux qui roulent des eaux rougeâtres. Chaque tournant de la voie nous réserve quelque nouvelle échappée sur un merveilleux décor de montagnes bleues et de vallées verdoyantes.

Nous avançons un moment très lentement sur un remblai énorme, endommagé par les eaux et qu'une armée d'ouvriers est en train de consolider.

Si les pluies sont fréquentes, à cette époque de l'année, il est bien rare, cependant, que le soleil tropical ne perce quelques instants vers le soir, comme s'il tenait à faire acte de présence avant de se coucher. C'est alors qu'il faut contempler l'étonnante conformation des nuages et les colorations magiques des ciels de Java.

Il fait déjà sombre quand notre train entre en gare de *Bandoung,* la capitale de la province. A en juger d'après l'animation qui règne sur les perrons, c'est une ville importante.

Quelques minutes plus tard nous roulons en droite ligne avec une vitesse vertigineuse sur un vaste plateau. Fauteuils et tables, tout se met à danser dans le wagon. Nous avons du retard, sans doute.

Soudain, un violent orage se déchaîne. Des éclairs nous dévoilent à l'horizon des montagnes fantastiques. Les coups de tonnerre ne cessent pas. Après les tigres, c'est la foudre que les habitants du pays redoutent le plus. Et au milieu de ce vacarme infernal, la locomotive ne cesse de siffler lugubrement dans la nuit pour avertir les indigènes qui cheminent sur la voie ferrée.

A Java, les trains de nuit n'existent pas. On ne peut pas se fier à la vigilance des gardes-voie indigènes. En outre, les éboulements provoqués par les eaux ou les tremblements de terre sont très fréquents.

Il n'est pas rare, non plus, que les gens du pays s'endorment sur la voie, en choisissant les rails comme oreillers, pour ne pas déranger leur coiffure.

Vers les huit heures, nous quittons la grande ligne qui relie Batavia à *Sourabaya,* le plus important centre commercial de l'île (1).

Trois quarts d'heure plus tard, nous voici à *Garout,* où nous passerons la nuit, à l'hôtel Van Horck.

Cette petite ville était autrefois sacrée et l'accès en était interdit aux Européens.

Sa situation pittoresque, au milieu des montagnes, à 740 mètres d'altitude, son climat exquis, ses nuits

---

(1) Le train express met dix-huit heures de Batavia à Surabaya, en s'arrêtant la nuit. Les autres trains parcourent la même distance en trente-cinq heures.

fraîches et réconfortantes lui ont valu la réputation d'un sanatorium de premier ordre. C'est de Garout qu'on fait, entre autres, l'ascension du fameux volcan *Papandajan*.

Je n'oublierai jamais le paysage idyllique de la campagne, le lendemain, quand nous quittâmes la gare à six heures et demie du matin, pour continuer notre voyage.

Les rayons du soleil levant ont à peine percé le voile de vapeurs qui enveloppe les montagnes avoisinantes et déjà partout les gens du pays sont au travail dans les rizières inondées. La contrée entière est transformée en une multitude de miroirs où se reflètent, ici, les silhouettes pittoresques des indigènes coiffés de leurs grands chapeaux, là, un buffle vaseux attendant patiemment d'être attelé à la charrue ; plus loin quelque héron guettant impassible sa proie.

Le riz peut prospérer jusqu'à une altitude de mille mètres.

Dans les régions basses, où l'eau est abondante, on le cultive dans des champs submergés. Ailleurs, sur le flanc des montagnes, les cultures sont disposées, pour les besoins de l'arrosage, en terrasses superposées.

Le travail dans les rizières est des plus pénibles. L'indigène étant forcé d'entrer jusqu'aux genoux dans la vase, y est exposé aux gaz délétères et aux piqûres dévorantes des moustiques.

Il est d'usage que toute la communauté, hommes, femmes et enfants, mette la main à l'œuvre pour la récolte, événement joyeux auquel se rattachent des fêtes d'un caractère religieux.

Rien n'empêcherait les indigènes de faire deux récoltes par an. Mais, pour cela, le Javanais est bien trop indolent. Habitué, pendant des siècles, à peiner pour les autres, il ne réalise pas qu'en doublant ses efforts il pourrait acquérir l'aisance et amasser un petit pécule. C'est un enfant gâté de la nature qui ne veut travailler qu'à sa guise et seulement autant que cela lui est nécessaire pour vivre. La notion du temps, de l'heure ou du jour, correspondant à une certaine dose de travail, lui paraît grotesque.

Heureux peuple, après tout, qui ne connaît ni la fièvre ni les complications de nos existences modernes et se contente de jouir tranquillement de la vie, dans le jardin merveilleux que lui offre la nature.

Dès que nous eûmes rejoint la grande ligne, notre wagon fut de nouveau accroché au train express pour *Sourabaya*.

Quittant les hauts plateaux et laissant derrière nous une chaîne de montagnes volcaniques, en partie cachées par les nuages, nous redescendons en serpentant sur les flancs d'une large vallée, du côté de la plaine.

La chaleur devient suffocante. Notre train parcourt alternativement des régions très cultivées, parsemées d'habitations construites sur pilotis, et des jungles sauvages.

Voici la grande station de *Maos* d'où un embranchement se dirige sur *Tjilatjap,* le seul port commercial et militaire de la côte sud, mais qui, à cause de son climat insalubre, a été surnommé le « cimetière des Européens ». La gare est encombrée d'indigènes.

Sur les chemins de fer hollandais, à Java, les *halfbreeds* ou métis (demi-sang) ne sont point confinés, comme aux Indes les *halfcastes* ou neurasiens, dans des wagons spéciaux. Généralement estimés, ils voyagent côte à côte avec les Hollandais.

Quant aux indigènes, rien n'est plus amusant que de les voir s'empiler dans les wagons avec leurs bagages hétéroclites, provisions de voyage, fruits inconnus et aussi des poissons secs enfilés dans des tiges de bambou.

La chaleur dans les wagons devient intolérable. Il est onze heures et il nous faudra encore patienter trois bonnes heures avant d'arriver au terme de notre voyage, à *Djokjakarta,* la capitale d'une petite principauté qui porte le même nom.

Djokja, comme on l'appelle aussi, est une ville assez importante, située dans une plaine fertilisée par les laves et les débris rejetés par de nombreuses éruptions volcaniques. Elle compte 80 000 habitants, dont 5 000 Chinois et environ 1 500 Européens.

Un climat sain et relativement tempéré, de larges

avenues ombragées, un club et de bons hôtels en rendent le séjour fort agréable. Pour le voyageur européen, Djokja offre un double intérêt, étant le centre de ruines remarquables et en même temps la résidence d'un Sultan indigène.

Il nous faut effleurer ici, en passant, l'histoire de ce curieux pays.

Au quinzième siècle, l'empire hindou-javanais de Madjapahit fut conquis par les Mahométans, qui y substituèrent le fameux empire de Mataram. Les cendres de cinq cents princes musulmans reposent sur une colline, près de la ville.

Deux principautés, celle de Djokjakarta et celle de Sourakarta, ont résisté jusqu'à nos jours à l'absorption hollandaise. Autrefois, elles n'en formaient qu'une, sous le sceptre d'un *Susuhunan*.

Craignant qu'un de ses frères n'usurpât le pouvoir, et effrayé, en outre, par une révolte des Chinois, le Susuhunan appela, au commencement du dix-neuvième siècle, les Hollandais à son secours. Ceux-ci profitèrent de l'occasion pour partager l'empire en deux principautés, dont l'une, celle de Djokjakarta, fut attribuée à un oncle du prince, avec le titre de Sultan.

Aux yeux des populations indigènes, c'est le Susuhunan et le Sultan qui gouvernent. En réalité, ils n'ont guère conservé, aujourd'hui, que l'administration de leurs vastes domaines. Le gouvernement hollandais s'est chargé du reste, en les dédommageant par une pension qui leur suffit largement pour entretenir leur cour et leur harem et maintenir la pompe de leurs cérémonies.

Les questions de préséance, d'étiquette ont été réglées de part et d'autre des plus minutieusement, car les Javanais tiennent beaucoup au protocole, et leur Sultan porte encore, parmi ses titres, celui de Roi de l'Univers !

En vertu d'une naïve mais délicate fiction, le résident hollandais est considéré comme étant le « frère aîné » du Sultan ; c'est un frère aîné qui entend qu'on l'écoute, car il a non seulement sous ses ordres l'armée, la police et la justice du pays, mais encore le pouvoir de nommer et de payer le grand vizir, duquel il est en droit d'exiger des rapports exacts sur tout ce qui se passe à la cour du monarque.

Le beau palais qu'habite le Résident, près du « Kraton » ou palais du Sultan, et le fort de Vredenborg, garni de baïonnettes hollandaises, sont là pour que personne ne se méprenne sur la situation.

Le grand-duc ayant manifesté le désir de faire visite au Sultan, le Résident hollandais, accompagné de son secrétaire, vint nous chercher à sept heures à l'hôtel Tougout, avec des équipages de la cour, pour nous mener au « Kraton ».

La première voiture, où le grand-duc prit place avec le gouverneur, est attelée de quatre chevaux. Cochers et laquais, en livrée, sont drôlement attifés

LA GARDE DU SULTAN DE DJOKJAKARTA

de chapeaux au-dessous desquels on aperçoit le fichu dont les indigènes entourent toujours leurs cheveux.

Quelques minutes après, nous pénétrons dans l'immense enceinte du Kraton.

Comme c'est également le cas pour les résidences des monarques asiatiques, le palais du Sultan, avec ses dépendances et les demeures de ses innombrables serviteurs, forme une véritable ville, renfermant dans ses murs plus de dix mille habitants.

Une allée sombre, bordée de hautes murailles, mène à la cour du palais. Des gardes du corps, munis de longs fusils arabes, présentent les armes, tandis qu'une musique, composée d'instruments européens, entonne l'hymne russe.

La cour est à peine éclairée, et les bâtiments qui l'entourent sont plongés dans une obscurité mystérieuse. Seul, un grand pavillon à colonnes rouge et or, resplendit d'une vive lumière.

C'est là que nous attend le Sultan, entouré de sa cour. Le digne et sympathique vieillard a revêtu, pour la circonstance, son uniforme de général hollandais.

Il reçoit courtoisement le grand-duc et, par l'intermédiaire de l'interprète attitré, lui souhaite la bienvenue.

Plusieurs princes de sa famille portent également l'uniforme hollandais, mais ils ont tous gardé, en dessous du képi, leur fichu national.

Au milieu de la salle, dallée de marbre blanc, une série de fauteuils et de petites tables ont été alignés sur un superbe tapis d'Orient. Le grand-duc prend place au centre, entre le Sultan et le prince héritier. La succession au trône de Djokja est bien assurée, car ce dernier, quoique n'ayant pas encore vingt ans, est, paraît-il, déjà père de huit enfants.

D'autres membres de la famille princière, vêtus de riches costumes de soie, la tête couverte d'un bonnet brodé, en forme de fez, sont venus s'accroupir, par terre, devant nous, en joignant les mains pour saluer leur seigneur et maître.

Ce sont des parents du prince, qui n'ont pas de rang dans l'armée. En face du pavillon, dans la demi-obscurité de la cour, cinquante musiciens indigènes se groupent sans bruit devant une série bizarre de xylophones, de violons à deux cordes et d'instruments composés de tubes métalliques suspendus à une tringle.

Deux gongs immenses sont dressés au milieu de l'orchestre, appelé en javanais le « gamelang ».

Pendant ce temps, cinq femmes, d'un âge mûr, sont venues, en rampant, s'asseoir sur le tapis derrière le Sultan.

Elles tiennent en mains les emblèmes du pouvoir : deux sabres ornés de pierres précieuses, une cassette admirablement travaillée, une coupe en or et un coussin brodé.

Les pavillons ouverts, situés à droite et à gauche de la salle, regorgent de tout un peuple de courtisans, de serviteurs, de femmes en « sarongs » multicolores et d'enfants presque nus. Tous sont accroupis et attendent, bouche bée, dans un silence religieux, que le spectacle commence.

Nous allons assister à une « bedaya », ou ballet exécuté selon les plus pures traditions classiques du pays.

Devant l'orchestre, quelques vieilles femmes ridées, à la peau tannée comme du vieux cuir, se mettent à lire d'une voix traînarde et chevrotante l'explication de la pièce légendaire que les danseuses vont mimer.

Les voici qui arrivent derrière nous, du fond de la salle, précédées de deux maîtresses de danse.

Droites, très sveltes, presque immobiles dans leurs somptueux costumes, elles défilent, semblables à des statues. C'est à peine si elles avancent en plaçant alternativement, par une série de mouvements cadencés, le talon devant la pointe de l'autre pied.

Le corps de ballet du Sultan compte, dit-on, une soixantaine de danseuses, dont la plupart sont de sang princier.

Pour une fille de prince, jeune et jolie, c'est un honneur que d'être admise à l'école de danse.

Les pendentifs en diamants qui couvrent leur poitrine, les bracelets dont leurs bras sont ornés, les saphirs et les rubis qui brillent à leurs doigts, susciteraient l'envie de nos ballerines occidentales. Si elles ont recours à la poudre et au maquillage, c'est seulement pour allonger leurs yeux et marquer le signe de Siva sur leur front.

De leur fine chevelure noire, on n'aperçoit que deux bandeaux collés sur les tempes et qui sont poudrés d'or. Le reste est caché par un bonnet de fleurs de jasmin qui retombent en tresses épaisses sur leur dos.

Quant à leur costume, il exclut, par sa composition même, tout mouvement vif, toute gambade. Il comprend un corsage bleu, frangé d'or, et une pièce de riche étoffe ou *batik,* enroulée autour des hanches, de façon à descendre jusqu'aux pieds et à se prolonger en traîne.

Le « batik » est une pièce de coton ornementée de dessins brodés, suivant un procédé traditionnel assez compliqué, de façon à ce que l'étoffe n'ait pas de revers. On fabrique, pour l'usage exclusif des princes et des personnes de qualité, des batiks d'une couleur et de dessins spéciaux.

Aux sons cadencés du gamelang, ces gracieuses créatures évoluent très doucement, pieds nus sur les dalles de marbre blanc, tandis que les vieilles femmes répètent en chœur des mélopées bizarres et semblent diriger la danse.

Tantôt sur la pointe du pied, tantôt pliant les genoux, mais toujours impassibles et les yeux bais-

DANSEUSE JAVANAISE

sés, elles s'adonnent, en balançant sur leurs bras les pans de la large écharpe dont leur taille est entourée, à une série de mouvements lents, de contorsions et de poses plastiques qui n'ont rien de commun avec nos danses occidentales.

Il est difficile de se représenter un spectacle plus typique, dans un décor plus original.

Pendant ce temps, une armée de serviteurs javanais débouchent, en file indienne, des deux côtés de notre pavillon, s'approchent en rampant des invités et leur offrent des cigares et des cigarettes qu'il faut allumer avec de petits faisceaux de bambous incandescents.

Un quart d'heure plus tard, ce curieux cortège réapparaît, mais cette fois en présentant du thé ou des boissons rafraîchissantes. Chaque serviteur tient en main un petit plateau d'argent sur lequel il ne porte qu'un objet déterminé, une tasse, une théière, un sucrier, un verre, une bouteille de whisky ou d'Apollinaris. C'est la répartition des rôles dans le sens le plus complet.

La représentation dura près de deux heures, sans le moindre entr'acte, et cependant les danseuses n'ont pas l'air d'être fatiguées, encore moins gênées par la chaleur.

Pour ne pas transpirer, elles se sont privées de boire durant la journée.

Ces danses nous ont paru interminables; mais,

pour l'Oriental, la notion du temps n'existe pas. Très artiste, le Javanais adore la musique, le théâtre. Plus le spectacle dure, plus il est satisfait.

Le ballet fini, un fonctionnaire de la cour s'approcha du grand-duc et déposa à ses pieds une cassette tendue de soie jaune — la couleur du Sultan — contenant une dague, ou « kriss », admirablement travaillée. C'est un souvenir que le prince offre à son auguste visiteur, comme spécimen des armes indigènes fabriquées au palais.

Puis, le Sultan se leva, donna le bras gauche au Résident hollandais — le frère aîné ! — en signe de bonne entente, et conduisit le grand-duc au fond du pavillon, dans les appartements royaux.

De superbes perroquets, enfermés dans des cages dorées, nous étourdissent de leur bavardage, pendant que nous admirons le lit de parade, les vieux bahuts, les armes et les animaux en or massif, qui font l'ornement de la salle.

En quittant le « Kraton », il nous semble que nous avons assisté à quelque féerie éblouissante des contes des Mille et une Nuits.

Le Sultan a, paraît-il, été très flatté de la visite du cousin de l'Empereur de Russie, d'autant plus que le temps nous manquera pour aller jusqu'à Sourakarta, la résidence du Susuhunan, dont il est le vassal.

En rentrant à l'hôtel, le grand-duc ayant voulu

DANSEUSE JAVANAISE

faire une surprise au docteur Budenbender pour son Noël, fit allumer, faute de sapin, un petit cerisier chinois garni de fruits variés des tropiques, entre autres de délicieux mangoustans. Il plaça, sous cet arbre de Noël improvisé, un écrin contenant un bel étui à cigarettes en argent, de fabrication russe. Notre aimable vice-consul fut très touché de cette délicate attention.

Nous passâmes le reste de la soirée sur la galerie, à la lumière des petites bougies, autour desquelles tournoyèrent bientôt des milliers d'insectes.

Le calme est complet, pas une feuille ne bouge dans le jardin de l'hôtel. Le silence de la nuit n'est troublé que par le concert des grillons et le cri d'un lézard « *tokké* » qui se promène sur quelque mur avoisinant.

Le lendemain matin, nous prenons place dans deux automobiles, pour aller visiter, en compagnie du docteur Groneman, le *Boro-Boudor,* le plus merveilleux des temples bouddhistes, non seulement de Java, mais peut-être du monde entier.

Nous n'aurions pas pu souhaiter de guide plus autorisé que ce vénérable docteur, car nul ne connaît mieux que lui les monuments antiques de cette contrée. Avec ses quatre-vingts ans, qu'il porte allégrement, il prouve, en outre, par sa personne, que les Européens peuvent s'acclimater à Java.

Ayant renoncé depuis un certain nombre d'années

à pratiquer la médecine, il s'est établi à Djokjakarta pour s'adonner entièrement à l'étude des ruines grandioses qui environnent la ville. Il aime le pays, s'y trouve bien et ne tient nullement à finir ses jours en Europe.

Sur la route ombragée de bambous énormes, de tamarins, nous croisons une foule interminable d'indigènes qui se rendent d'un pas léger au marché de la ville.

Paresseux de nature, le Javanais abandonne volontiers aux femmes le soin de porter les fardeaux.

A notre droite, se dresse l'imposante pyramide effilée du volcan *Merapi*, dont la fumée blanche se confond avec les nuages. Plus loin, un autre volcan redoutable, le *Merbabou*, le dépasse encore comme élévation, bien qu'à distance il paraisse plus petit.

Le docteur Groneman, qui a assisté à la dernière éruption, nous dit que ce fut un spectacle d'une beauté sans pareille. Durant une semaine le ciel tout entier fut comme en feu.

Toute cette contrée est cultivée comme un jardin.

A l'entrée de chaque village, on peut voir une sorte de tambour fait d'un tronc de bambou. Il sert de signal d'alarme en cas de feu et aussi pour prévenir les habitants de l'approche des individus dangereux, saisis de la furie du « Amok ». Les fumeurs d'opium enragés sont sujets à des accès de folie dévastatrice. Saisissant leur dague ou « kriss », ils se

LE GRAND-DUC BORIS AU TEMPLE DE BORO-BOUDOR

précipitent hors de leur hutte et tuent tous ceux qu'ils rencontrent.

En passant près du joli village de Mendout, — le prototype du kampong javanais, — nous entrons dans le Tyandi Mendout, temple de forme octogonale, construit en blocs de lave, probablement pour servir de nécropole aux puissants rois qui firent élever le Boro-Boudor.

Longtemps enfoui sous un monceau de cendres rejetées par le Merapi, il a été restauré et contient, entre autres, une superbe statue du Bouddha, ayant près de quatre mètres de hauteur.

Lorsque feu le roi Chulalongkorn visita ce temple, il y a quelques années, il déclara que, dans tout le royaume de Siam, il n'existait pas une statue du Bouddha qui puisse être comparée à celle-ci. Elle est, en effet, admirablement conservée et d'une remarquable finesse d'exécution.

Continuant notre route, nous distinguons bientôt comme une énorme masse de pierres se détachant sur le fond bleuâtre d'une chaîne de volcans éteints.

C'est le fameux temple de Boro-Boudor.

Il ne se révèle cependant dans toute sa majestueuse beauté que lorsque l'on est monté sur le promontoire qui lui sert, pour ainsi dire, de piédestal.

Là, sur la terrasse d'une petite hôtellerie, on se trouve en face d'un monument de forme pyramidale, dont les dimensions colossales rivalisent avec celles de la pyramide de Gizeh, près du Caire.

Sombre d'aspect, construit en blocs de laves grisâtres, ce pur chef-d'œuvre de l'architecture bouddhique a pu résister plus de mille ans aux effets destructifs des pluies torrentielles, du soleil tropical et des tremblements de terre.

On ne sait que peu de chose sur les princes hindous bouddhistes qui furent les maîtres du pays avant la création de l'empire musulman de Mataram, mais ces ruines grandioses attestent leur puissance et leur richesse.

A l'origine, partout où ils s'établissaient, les bouddhistes conservaient une petite quantité des cendres du Bouddha sous des monticules de terre nommés « stoupas ». Plus tard, pour mieux préserver ces précieuses reliques, ils élevèrent des monuments en pierre ou « dagobas ». La structure générale du Boro-Boudor nous fait supposer qu'il fut élevé dans ce but (1).

Les cinq terrasses inférieures du temple sont carrées et entièrement ornées de sculptures et de bas-reliefs.

Elles ne contiennent pas moins de quatre cent

---

(1) Suivant la légende, l'empereur Asoka, qui régna sur les Indes trois siècles avant notre ère, fit rouvrir les urnes contenant les cendres du Bouddha, pour les répartir dans 84 000 vases et les faire distribuer dans tout son royaume et, au delà, dans le monde entier.

STATUE DU BOUDDHA, AU TJANDI MENDOUT

trente-deux niches ou chapelles, renfermant chacune une statue du Bouddha en grandeur naturelle. Les bas-reliefs qui couvrent les murs de ces terrasses s'étendraient, si on les juxtaposait, sur une longueur de deux kilomètres.

Toute la vie terrestre du Bouddha, toutes les légendes qui se rattachent à sa vie antérieure s'y trouvent représentées en sculptures, bien conservées pour la plupart.

Le docteur Groneman nous donne l'explication des plus remarquables.

Il nous montre *Maya*, la mère du « Sage », endormie au milieu de ses servantes et recevant le Bouddha, sous forme d'éléphant blanc, descendu du ciel pour la féconder.

Nous voyons comment son fils Gautama, sorti un jour du palais de son père, fut frappé par le spectacle des misères humaines.

C'est alors qu'il prit la résolution de tout abandonner, grandeurs et biens de ce monde, famille et bonheur domestique. Il est figuré, ici, échappant à la vigilance de ses gardiens, pour s'en aller vivre comme un simple pèlerin.

On ne peut rien voir de plus parfait comme sculpture, de plus vivant, que la scène où il est représenté se séparant de ses disciples pour commencer, dans la solitude, une nouvelle vie d'abstinence et de pénitence. Plus loin, il triomphe de l'esprit malin, sous le figuier, sanctifié ultérieurement comme arbre de la science, puis il proclame la vraie doctrine aux cinq disciples qui seront ses apôtres.

Citons encore, entre mille, une scène représentant sa mort. Deux moines arrosent son corps avant la crémation qui mettra un terme à sa vie matérielle.

Plusieurs sculptures ont, finalement, pour sujet sa glorification.

Les trois terrasses supérieures du temple sont rondes et supportent soixante-douze dagobas, en forme de cloches ajourées, renfermant autant de statues du dieu.

Cet invraisemblable monument est couronné par une coupole, mesurant cinquante pieds de diamètre, qui passe pour contenir encore une des vraies reliques du Bouddha (1).

Sur la route de Sourakarta, un autre temple, celui de *Prambanam*, fut découvert, par hasard, sous un monticule de cendres.

C'est au docteur Groneman que revient le mérite

---

(1) En se répandant, au premier siècle de notre ère, dans les pays du nord, au Thibet, en Chine et au Japon, la doctrine bouddhique perdit beaucoup de sa primitive simplicité. Outre le Bouddha rédempteur de ce monde, elle admit bientôt trois autres Bouddhas, rédempteurs des mondes antérieurs, et même un cinquième Bouddha, dont l'apparition est attendue après le cataclysme de notre planète. Tous ces Bouddhas doivent être considérés, pourtant, comme la révélation de la même divinité impersonnelle originale, le Adi-Bouddha.

Les statues que nous voyons dans les niches du Boro-Boudor nous font supposer que Java subit l'influence de la doctrine bouddhique du nord.

LE TEMPLE DE PRAMBANAM

LE TEMPLE DE BORO-BOUDOR

d'avoir attiré l'attention du gouvernement hollandais sur l'existence de ces ruines et d'avoir rassemblé, non sans peine, les fonds nécessaires à leur excavation. Suivant ses prévisions, ces importants travaux mirent au jour des merveilles de sculptures.

Nous sommes ici en présence d'un ensemble de temples hindous dont la construction est plus ancienne de deux siècles que le Boro-Boudor. Comme l'ont prouvé les études du savant docteur, ils présentent déjà certains caractères bouddhiques.

Sur une grande terrasse carrée se dressaient six temples, consacrés à divers dieux hindous.

Celui du centre, le plus imposant et le mieux conservé, était consacré à Siva. Il est flanqué de quatre chapelles latérales, renfermant entre autres une statue de *Durga*, la déesse aux huit bras, et une de *Ganesha*, le dieu à la tête d'éléphant.

En face, dans un petit temple, se dresse encore une statue noirâtre de buffle. Tout croyant qui venait s'asseoir sur le dos de cet animal en pierre, d'où il pouvait contempler la statue de Siva, voyait ses vœux exaucés.

Deux jeunes filles hollandaises, nous dit en riant le docteur, pour avoir grimpé sur le buffle de la légende en souhaitant de trouver un mari, convolèrent, trois mois après, en justes noces.

De nombreux petits temples, qui s'élevaient autrefois autour de la terrasse supérieure, il ne reste aujourd'hui que des amas de décombres.

« On prétendait qu'il n'y avait plus de monuments antiques à découvrir dans l'île, et voici — fit le docteur Groneman en montrant du geste ces ruines grandioses — ce que quelques coups de pelle ont mis au jour et fait renaître. »

Il fait trop sombre pour que nous nous arrêtions au temple des mille Bouddhas, dont il ne reste que des vestiges, mais, en passant, nous apercevons, depuis la route, deux des gigantesques statues qui gardent une des avenues de ce vaste champ de ruines.

Le lendemain matin, nous reprenions le train pour Batavia.

Il était tout indiqué de nous arrêter pour la nuit à *Bandoung*. Nous y arrivons à neuf heures du soir, en remontant la vallée, avec beaucoup de retard à cause d'un éboulement qui s'était produit sur la voie.

L'Hôtel Préanger, où nous sommes descendus, est un imposant bâtiment blanc avec péristyle orné de colonnes, situé au fond d'un jardin ombragé de palmiers.

Bandoung compte près de 50 000 habitants mais n'a guère d'importance commerciale. C'est avant tout une ville d'administration, d'un séjour fort agréable et très sain, grâce à sa situation élevée.

Sa population a triplé depuis quinze ans et bien des

AVENUE DU TEMPLE DES MILLE BOUDDHAS

STATUE DE BUFFLE AU TEMPLE DE PRAMBANAM

gens sont d'avis qu'on devrait faire de cette ville la capitale de l'île.

Nous eûmes toute la matinée du lendemain pour nous promener sur ses larges avenues ombragées de *waringins* immenses, de « flamboyants », dont les fleurs, d'une couleur orangée très vive, tombent comme une pluie de feu sur le sol. Dans les magasins, les bazars, desservis par des filles métisses au teint basané, aux lèvres sensuelles, le colon peut trouver tout ce qui lui est nécessaire pour installer son « home ».

C'est le vrai modèle d'une colonie où tout respire la fraîcheur, la propreté, la douceur de vivre.

De retour à Weltevreden, nous sommes encore invités par notre consul à déjeuner à l'Hôtel des Indes, dans la cour duquel se trouve le plus grand waringin de l'île. Son branchage couvre un espace de près de mille mètres carrés.

Le 27 décembre, nous faisons nos adieux à cette île incomparable, qui mérite bien son nom de « Wunderland », ou de « pays des merveilles ».

Plusieurs de nos matelots étaient tombés malades de la fièvre; aussi le commandant désirait-il quitter le plus tôt possible le mouillage malsain de *Tandjong Priok*.

Après avoir franchi le détroit de la Sonde, nous côtoyons encore pendant deux jours la longue île de Sumatra, puis, changeant de cours, nous perdons de vue la terre.

Le 1ᵉʳ janvier, nous repassons l'équateur, par une température de 28 degrés centigrades. Le ciel est gris, la mer houleuse.

Quatre jours encore nous serons ballottés par la mousson, avant d'atteindre Colombo.

Durant toute cette traversée, nous n'avons pas rencontré un seul navire.

STATUES DE DIEUX AU TEMPLE DE PRAMBANAM

CHAPITRE XI

A CEYLAN

Retour à Colombo. — Anuradhapura. — Le Rock Tempel. — Le temple de l'Arbre Sacré. — Le palais des Mille Colonnes. — Les monuments de la ville sainte. — Une forêt fabuleuse.

6 janvier. — La charmante capitale de Ceylan n'est plus pour nous une ville étrangère. Aussitôt débarqués, nous nous y retrouvons en pays de connaissance, un peu comme chez nous.

Cette fois-ci, nous avons l'agréable perspective de pouvoir y séjourner plusieurs semaines.

Nous arrivons en pleine saison mondaine de Colombo, et les salons du Galle-Face Hotel sont plus animés que jamais. Durant les mois de janvier et de février, la température, ici, est idéale, et la pluie rare. Aussi les stations de montagne sont-elles alors délaissées. Tous ceux qui en ont les moyens affluent dans la capitale, pour y jouir durant quelques semaines des plaisirs de la société.

A aucune autre époque de l'année, les hôtels, les clubs ne présentent une pareille animation.

Après que la Noël russe eut été fêtée à bord de

l'*Aurora*, selon les traditions, le grand-duc, sur l'aimable invitation du gouverneur de Ceylan, sir Marc Callum, prit ses quartiers, pour quelques jours, au *Queen's House*, joli palais situé à l'ombre des tamarins, en face du bâtiment des postes.

Grâce à la charmante hospitalité du gouverneur et de lady Mac Callum, qui ne négligèrent rien pour être agréables à leur hôte princier, nous passons une semaine charmante dans cette spacieuse résidence. Plusieurs réceptions, ainsi qu'un bal très brillant, furent donnés en l'honneur du cousin de l'empereur de Russie.

Bientôt après, désirant se reposer quelques jours à la montagne, le grand-duc résolut de se rendre en automobile à *Kandy*, tout d'abord, puis à *Nuwara Elia*, cette perle des *hill stations* de Ceylan, dont il avait gardé un excellent souvenir, pour y avoir séjourné dix ans auparavant.

Le comte Wielopolski et le capitaine Coubé, qui étaient partis en expédition de chasse dans les environs d'Anuradhapura, nous rejoignirent à Kandy, si enchantés de leur visite aux ruines de l'ancienne capitale, que je n'hésitai pas à suivre leur exemple.

Me séparant, pour trois jours, de mes compagnons de voyage, j'allai visiter la cité sainte des bouddhistes.

* *
*

En quittant Kandy à sept heures du matin, par le premier train, je pouvais être déjà à deux heures de l'après-midi à Anuradhapura.

Le dernier tronçon de cette ligne a été construit seulement il y a quelques années, malheureusement au prix de la vie d'un grand nombre d'ouvriers, car la voie ferrée traverse une plaine basse et malsaine, entièrement recouverte par la jungle.

Durant plusieurs heures, les wagons roulent entre deux immenses murailles de verdure, formées d'un enchevêtrement invraisemblable d'arbres, de bambous et de lianes. De l'immense forêt vierge surgissent seulement, par endroits, quelques rochers grisâtres, semblables à des croupes d'éléphants. Vous chercheriez en vain des traces d'habitations ou de villages, dans cette région sauvage, située au delà des limites des cultures européennes. Aussi, les clairières et les quelques plantations que vous apercevez un peu avant d'arriver à Anuradhapura, vous apparaissent-elles comme autant de surprises au milieu de la jungle.

En suivant la route qui mène de la gare à l'hôtel, en passant par le village indigène, vous vous trouvez soudain au milieu de verdoyantes pelouses, semées de ruines, de colonnes et de débris d'anciens palais, dominées de tous côtés par d'énormes pyramides arrondies, qu'à première vue vous prendriez pour des collines. En réalité, ce sont d'antiques monuments de briques ou « dagobas », envahis par la végétation tropicale. Leur construction remonte à plus de deux mille ans. Elle est due à de puissants rois, jaloux de faire œuvre pieuse en servant la cause de la nouvelle religion, qu'ils avaient adoptée avec tant de ferveur.

Ces ruines grandioses, arrachées, en partie du moins, au travail destructif de la forêt, couvrent un espace de plusieurs lieues carrées et attestent la splendeur de cette ancienne cité que le monde bouddhiste vénère, encore aujourd'hui, comme la ville sainte par excellence. Toute leur histoire est liée à la conversion au bouddhisme du roi çingalais Tissa, le maître fastueux et puissant du royaume de Lanka (ancienne dénomination de Ceylan), dont Anuradhapura était la capitale.

Les Çingalais, — peuple originaire du nord des Indes, — établis à Ceylan depuis plusieurs siècles, professaient jusqu'alors la religion brahmanique. Ils avaient subjugué et entièrement réduit à l'esclavage les anciens Yakkas, qui formaient la population aborigène de l'île et adoraient encore les démons et les serpents. Le roi Tissa était en bons termes avec l'empereur des Indes, Asoka, qui, après avoir adopté

SUR LES HAUTEURS DE MIHINTALE

la foi bouddhique, s'efforçait d'en propager les préceptes dans le monde entier. Désirant témoigner son estime au grand empereur, Tissa lui député des ambassadeurs munis de riches présents. On venait précisément, alors, de découvrir sur l'île une quantité de superbes perles et de pierres précieuses.

Asoka rendit au roi de Lanka sa politesse en lui envoyant, à son tour, de splendides cadeaux, ainsi qu'une lettre où il l'exhortait à se convertir à la nouvelle religion.

Les anciennes chroniques çingalaises s'étendent, avec une fantaisie toute légendaire, sur les détails de cette mémorable expédition. Bouddha passait, du reste, pour avoir visité lui-même Ceylan à plusieurs reprises. Des milliers de pèlerins font encore aujourd'hui l'ascension pénible du Pic d'Adam, pour y vénérer l'empreinte que son pied y laissa sur le roc quand il quitta l'île en s'élevant miraculeusement dans les airs.

A l'insu du roi de Lanka, et pour tenter sa conversion, qui lui tenait tout spécialement à cœur, l'empereur Asoka envoya son propre fils, le prince Mahinda, comme missionnaire à Ceylan, pour y prêcher la vraie doctrine.

Ce dernier vint s'établir, en compagnie de quatre moines, sur les hauteurs de Mihintale, à huit milles à l'est de la capitale.

Pour aller visiter, en premier lieu, ce rocher historique que les bouddhistes de Ceylan vénèrent jusqu'à aujourd'hui comme ayant servi de berceau à leur religion, je pris, le lendemain matin, à la première heure, une petite voiture sur laquelle je fis monter un guide indigène.

Sur la route déserte, pratiquée en pleine forêt vierge, notre petit cheval s'arrête à tout moment brusquement, comme s'il était effrayé par l'apparition de quelque animal sauvage.

La forêt tropicale ne connaît pas le silence de nos bois occidentaux. Elle vibre des cris de milliers d'insectes, du chant d'innombrables oiseaux, qui, avec les singes et les serpents, les buffles et les éléphants, peuplent ces redoutables solitudes.

Enfin, après un trajet de deux heures, nous voici dans un petit village de misérable apparence, situé au pied d'une colline dont les rochers escarpés disparaissent sous d'épais bouquets d'arbres.

A la porte d'une modeste auberge *(rest-house)*, ombragée d'arbres séculaires couverts de mousses et de lichens, un vieux Çingalais nous reçoit en nous saluant jusqu'à terre et nous prépare, en quelques minutes, un frugal « breakfast ». Les eaux verdâtres d'un étang voisin disparaissent presque entièrement sous une merveilleuse floraison de lotus.

Il s'agit de ne pas perdre de temps pour grimper sur les rochers de Mihintale, avant que les rayons du soleil ne soient trop brûlants.

VESTIGES D'UN PALAIS

LA « REST-HOUSE » A MIHINTALE

Des rampes mystérieuses, formées de mille huit cents marches, en partie taillées dans le roc, vous conduisent, sous un immense dais de verdure, par une succession de terrasses, à l'endroit même où l'apôtre du bouddhisme eut sa première entrevue avec le roi Tissa.

Les vieilles chroniques racontent que ce dernier, au cours d'une chasse dans ces parages sauvages, poursuivit un élan jusqu'au sommet de la colline. Il fut quelque peu surpris d'y rencontrer un personnage étranger. Frappé de l'apparence calme et sereine de ce dernier, le roi s'approcha de lui et fut enchanté d'apprendre qu'il était un des fils de l'empereur Asoka. Jetant alors ses armes, le roi et ses compagnons de chasse se groupèrent autour de Mahinda et furent si impressionnés par ses discours qu'ils embrassèrent sur-le-champ la foi bouddhique.

Le petit temple, bien conservé, qui se dresse au sommet de la colline renferme les cendres du royal apôtre et date, paraît-il, de l'année 278 avant Jésus-Christ.

Près de là, une hutte adossée à une paroi de rocher, sert de demeure aux quelques moines qui vivent dans ces solitudes, où les petits ours noirs du pays font encore, de temps à autre, une courte apparition.

Un de ces hommes, en toge jaune, détache d'un

petit arbre une feuille, dans laquelle il enroule une pâte de bétel qu'il prépare sous mes yeux. Je ne pus, sans grimace, goûter à cette curieuse composition.

Un immense monument conique ou « dagoba », en ruines, entièrement recouvert de végétation, couronne ces hauteurs et semble disputer le domaine des airs aux aigles et aux éperviers. Si l'on considère que les millions de briques qui ont servi à cette construction colossale ont dû être transportées jusqu'ici, à une hauteur de douze cents pieds, on est forcé d'admirer le travail surhumain que cela représente.

Parmi les ruines et les curiosités historiques rassemblées sur le sommet des rochers de Mihintale, le *Naga-Pokuna* ou bassin aux serpents, entièrement creusé dans le roc, mérite une mention spéciale. Un immense cobra (vipère) à cinq têtes est sculpté, en bas-relief, sur un des côtés de ce mystérieux bassin, dont les eaux passaient pour avoir des vertus magiques.

L'on vous montre également, sur le flanc d'un rocher abrupt, une caverne ayant servi de lit à Mahinda. D'ici, vos regards s'étendent jusqu'à l'infini sur une plaine immense, recouverte d'une jungle épaisse au milieu de laquelle vous voyez briller, par place, l'eau des grands étangs artificiels que les anciens Çingalais, ces maîtres dans l'art de l'irrigation, avaient creusés pour fertiliser et pouvoir cultiver la contrée.

Du côté d'Anuradhapura, la vue n'est pas moins

L'ENTRÉE DU ROCKTEMPEL ET LE BASSIN

surprenante. L'antique cité disparaît entièrement sous un océan de verdure, d'où émergent seulement, semblables à des taupinières, les pyramides des monuments bouddhiques. Un point blanc, cependant, se distingue au-dessus de la forêt. C'est la dagoba du *Rock Tempel*, perchée sur un rocher à une petite distance de la ville. Elle sera le but de la promenade de l'après-midi.

Le Rock Tempel est un des temples les plus curieux de la ville sacrée. Il fut creusé — croit-on — sous le règne de Tissa, soit trois siècles avant notre ère.

Dans une situation romantique, entouré d'un remarquable bassin, peuplé actuellement de crocodiles et de tortues, mais ayant dû servir, autrefois, aux ablutions des fidèles, ce temple fut découvert seulement il y a une trentaine d'années. La jungle l'avait complètement envahi et transformé en un repaire sauvage, hanté des ours et des serpents.

Pour en protéger l'entrée, les moines firent malheureusement construire, ces dernières années, un avant-toit, supporté par des colonnes blanches, qui jure singulièrement avec le reste du sanctuaire. Pénétrant dans la cave, nous nous trouvons en face d'une antique statue du Bouddha assis, taillée dans le roc, flanquée de deux autres vieilles statues de bois bizarrement peinturlurées. Quantité d'offrandes, statuettes en argent, bagues et bijoux divers, sont accumulés sur des plateaux disposés aux pieds de la statue et témoignent de la piété des nombreux pèlerins qui viennent ici, chaque année, de toutes les parties de l'île et même de la Birmanie ou des Indes.

Un vieux prêtre, à la figure décharnée, agite des deux mains un précieux écran à manche d'ivoire, en murmurant quelques paroles incompréhensibles. « Il vous donne sa bénédiction, m'explique le guide, et vos péchés vous sont pardonnés. »

Allégé à cette idée, je déposais mon obole dans une tirelire, recouverte d'une grande fleur jaune et m'apprêtais à sortir, quand le vieillard me prit par le bras pour que je m'inscrive sur le registre des touristes. Sur la même petite table, figurait la photographie de la princesse impériale d'Allemagne, qui avait visité le temple, lors de son récent séjour dans l'île.

Les murs des terrasses inférieures sont couverts de sculptures fort originales. L'une d'elles, en particulier, ferait le bonheur des darwinistes. Elle représente, en effet, un être mixte, moitié singe, moitié homme. Sur les pans des rochers qui se reflètent dans les eaux transparentes du bassin, vous apercevez quatre têtes d'éléphants admirablement dessinées.

Nous montons ensuite voir, près de là, un étang artificiel dont le pourtour ne mesure pas moins de trois milles anglais. On dirait d'un lac naturel au sein de la forêt.

Comme il y a vingt siècles, cet étang, nourri par de l'eau amenée de montagnes éloignées, subvient, mais

RUINES DU PALAIS AUX MILLE COLONNES

LE ROCKTEMPEL

dans une moindre mesure, à l'arrosage des cultures voisines, ainsi qu'aux nombreux réservoirs de la ville.

Sur la route d'Anuradhapura, mon guide insiste pour que j'entre dans un petit bungalow habité par un Anglais renommé dans le pays en sa qualité de chasseur et collectionneur de serpents. En l'absence du maître, son « boy » çingalais nous fit les honneurs de cette maison, peu rassurante. Elle est, en effet, pleine de serpents de toutes grandeurs, les uns enfermés dans des caisses, les autres dans des cages ou de petites chambres, comme c'est le cas pour les pythons et les cobras.

Cet Anglais, paraît-il, fait un commerce fort lucratif de ces animaux, qu'il expédie en Europe, soit vivants, soit empaillés.

Les indigènes prétendent qu'il a un poison dans le corps et que c'est la raison pour laquelle les serpents venimeux n'osent pas l'attaquer.

Il fallait s'arrêter, ensuite, au temple de l'Arbre Sacré. Sauf une antique statue du Bouddha, dont la tête a été restaurée, le temple, qui est de construction récente, ne présente rien d'intéressant. Mais il est adossé à des terrasses que recouvre, de son branchage largement ramifié, un arbre légendaire, soigneusement gardé et préservé par les prêtres.

Peu de temps après sa conversion, le même roi Tissa réussit à obtenir une branche du figuier sous lequel Çakiamouni, ou le solitaire de la tribu des Çakias, acquit la sagesse suprême.

Si nous en croyons les historiens indigènes, à l'instant solennel où cette branche fut plantée dans un vase d'or pour être transportée des Indes à Ceylan, la terre trembla et divers miracles se produisirent dans le pays.

L'arbre que nous voyons ici, et que les fidèles vénèrent depuis tant de siècles, proviendrait de cette fameuse branche du figuier sacré et serait, à ce compte, le plus vieil arbre du monde. Il est comme en tenue de fête, enguirlandé de centaines de petits drapeaux rouges et blancs, que les pèlerins viennent continuellement attacher à ses rameaux.

En sortant de l'enceinte du temple, qui disparaît presque entièrement sous le feuillage, parmi d'autres figuiers gigantesques, nous apercevons une véritable forêt de colonnes monolithes en granit. C'est tout ce qui reste d'un merveilleux édifice, appelé le *Grand Palais d'airain* à cause des plaques d'airain dont son toit était recouvert. Ses ruines sont également connues sous le nom de « Palais aux mille colonnes ».

Un roi çingalais, le pieux Duttha Gamini, avait triomphé, en combat singulier, d'un chef Tamil nommé Elara, qui avait usurpé le trône. En signe de reconnaissance pour sa victoire, il fit construire ce palais, destiné à servir de logement aux moines, dont le nombre augmentait d'année en année. Il compre-

ENVIRONS D'ANURADHAPURA

nait, paraît-il, neuf étages, contenant chacun cent appartements fastueusement décorés. L'étage inférieur était occupé par les novices. Ceux-ci passaient aux étages supérieurs à mesure qu'ils arrivaient à un plus haut degré de sanctification.

Dans un « hall » central — nous disent les chroniqueurs — se dressait un magnifique trône en ivoire entouré, d'un côté, de l'emblème du soleil, en or, de l'autre de celui de la lune, en argent, tandis que sur le troisième côté les étoiles étaient représentées par des perles.

Cette somptueuse demeure ne put échapper aux déprédations des envahisseurs malabars qui, un moment, annihilèrent la puissance des rois çingalais et menacèrent la nouvelle religion dans son existence même. Ce palais avait été, du reste, ultérieurement réduit à sept, puis à cinq étages, à la suite de divergences doctrinaires survenues au sein de la confrérie des prêtres bouddhistes. Au troisième siècle après Jésus-Christ, un roi çingalais, Maha Sen, le fit même démolir pour enrichir de ses trésors un monastère rival. Plus tard, s'étant repenti de son hérésie, il procéda à la reconstruction du palais.

Tout autre fut le sort des colossales « dagobas » ou monuments en forme de cloches, qui se dressent comme des pyramides au-dessus des ruines éparses des palais et des édifices de l'ancienne cité. Par la nature même de leur construction, elles ont résisté aussi bien aux invasions ennemies qu'aux attaques de la végétation tropicale, encore plus redoutables que les injures du temps.

Chacune d'elles se rattache à quelque épisode remarquable de l'histoire de l'établissement du bouddhisme à Ceylan et témoigne du zèle constructeur et de l'enthousiasme religieux des premiers rois bouddhistes. On reste stupéfait devant leurs dimensions fantastiques et la masse énorme de travail humain qu'elles représentent.

Une des plus anciennes, la *Ruanweli Dagoba*, date de la même époque que le Palais aux mille colonnes. Entièrement construite en briques, son immense dôme conique mesure 900 pieds de circonférence et s'élève, encore aujourd'hui, à une hauteur de 155 pieds, tandis qu'il en mesurait à l'origine 270.

Pour assurer la solidité d'un monument aussi massif, il fallut creuser le sol à une grande profondeur. Afin de tasser les pierres destinées au soubassement, les architectes indigènes employèrent des éléphants, chaussés d'énormes sabots en cuir. Puis, toujours selon la chronique, ces pierres furent recouvertes d'épaisses plaques d'airain et celles-ci, à leur tour, de plaques d'argent. L'on érigea ensuite, au centre, un somptueux réceptacle destiné à recevoir non seulement des reliques corporelles du Bouddha, mais encore toutes sortes d'offrandes précieuses, entre autres un Bouddha en or et un figuier dont le tronc

L'ABHAYAGIRI DAGOBA

LE BAIN DES INDIGÈNES

était d'argent, les feuilles d'or et les branches de corail. La mise en scène de ces merveilles fut naturellement une occasion de grandes cérémonies et de somptueuses processions.

Peu de temps après, le roi mourut, léguant à son fils la tâche d'achever la construction du dôme.

Cet imposant monument est entouré de deux vastes terrasses carrées. La plus basse, large d'environ 100 pieds, servait pour les processions d'éléphants, tandis que la terrasse supérieure, dont une partie seulement a été mise à jour, était comme supportée par quatre cents éléphants taillés dans la pierre. Les bas-reliefs, les statues, les autels qui ornent ces terrasses délabrées ont été seulement retirés des décombres ces dernières années. On continue à travailler à la restauration et au déblaiement des parties inférieures de cette si remarquable dagoba.

Aujourd'hui, le dôme a l'aspect d'une colline verte et l'on se demande comment la végétation a pu escalader ainsi ses flancs.

Sur la pelouse environnante, quantité de colonnes, de débris de ruines marquent la place d'anciens édifices religieux et de monastères. Toutes ces dagobas sont, à peu de chose près, construites sur le même type.

L'*Abhayagiri Dagoba* est encore plus grande que la précédente. Elle s'élevait, primitivement, jusqu'à une hauteur de quatre cents pieds, mais est bien diminuée aujourd'hui.

Le roi Vattagamini la fit construire, après avoir réussi à repousser une invasion des Tamils. Au début, cependant, le sort des armes lui fut défavorable. Il se vit même obligé de fuir devant l'ennemi. Quand il passa, sur son éléphant de guerre, devant le temple brahmane qui s'élevait en cet endroit, un prêtre s'écria : « Tiens, voilà le grand roi noir des Çingalais qui s'enfuit ! » Le roi fit alors le serment, s'il parvenait jamais à vaincre les Tamils, de faire démolir le temple existant, pour se venger de cette insulte, et de faire élever à sa place une dagoba.

La *Jetawaranami Dagoba* n'est pas moins gigantesque. A distance, on dirait qu'elle est surmontée d'une tour, et son dôme disparaît totalement sous la brousse.

Un Anglais, sir Emerson Tenent, a calculé que sa construction coûterait aujourd'hui 25 millions de francs et occuperait 500 ouvriers durant sept ans.

A quelques minutes de l'hôtel, la *Mirisaweti Dagoba* ressemble à un énorme plum-pudding. Elle a été en partie restaurée.

Près de là, une série d'étangs artificiels, entourés d'arbres magnifiques, sont, aujourd'hui encore, consacrés à l'usage auquel ils avaient été destinés il y a vingt siècles. Le premier sert de réservoir d'eau potable ; le second de bain, et le troisième de bassin à laver.

Vers le soir, quand le travail de la journée est fini,

LA JETAWARANAMA DAGOBA

LA MIRISAWETI DAGOBA

des centaines d'indigènes viennent s'y baigner, les hommes d'un côté, les femmes de l'autre, mais toujours décents, car ils ne quittent jamais entièrement leurs vêtements. C'est le plus joli tableau qu'on puisse voir.

Ces descendants des anciens Malabars se distinguent aisément des Çingalais par la couleur plus noire de leur peau.

Une partie de la population actuelle d'Anuradhapura se compose de Tamils. Ce sont eux qui fournissent le personnel de la poste et du chemin de fer, ainsi que celui de la police, tandis que les rares Européens, sujets anglais, habitant cette ville réputée si dangereuse à cause des fièvres, sont presque exclusivement des fonctionnaires du gouvernement.

Les quelques bungalows de ces derniers ont été construits sur les avenues qui entourent les pelouses couvertes de ruines, c'est-à-dire au cœur même de l'antique cité sacrée, aujourd'hui reconquise sur la jungle. C'est la partie la plus saine de l'agglomération actuelle.

Nous touchons ici à une des cordes les plus sensibles de l'âme bouddhiste.

L'établissement d'habitations européennes sur un terrain que les bouddhistes considèrent comme sacré a blessé leurs sentiments religieux et provoqué de leur part de nombreuses récriminations. Ils insistent sur le fait que l'ancienne capitale se composait de deux parties distinctes : la ville proprement dite et la cité Sacrée; celle-ci, entièrement séparée de la première et exclusivement réservée aux monuments religieux et aux monastères.

A leurs yeux, l'emplacement de cette dernière aurait dû rester intangible.

A cette époque reculée, Ceylan était le grand marché de l'Orient et ses monarques disposaient de richesses prodigieuses. La capitale devait s'étendre sur un espace immense.

Le *Mahamegha*, ou ancien parc d'agrément du roi Tissa, qu'il consacra, dans un élan de piété, à la cause de la nouvelle religion, et qui devint la ville sainte, avait à lui seul vingt milles carrés de superficie.

A plusieurs lieues à la ronde, la forêt est couverte de vestiges d'anciens palais, de ruines de temples et de toutes sortes de bâtiments. Vous ne voyez que colonnes éparses, portiques, pierres sculptées, débris de rampes ou de statues.

Une route pratiquée dans cette jungle, qui, il y a vingt ans, était encore le domaine exclusif des bêtes sauvages, permet aujourd'hui d'approcher aisément ces incomparables ruines, continuellement menacées d'être envahies à nouveau par la végétation environnante.

Je ne connais rien au monde de plus impressionnant et à la fois de plus pittoresque qu'une promenade dans cette forêt fabuleuse, où vous rencontrez à chaque pas quelque vestige de la cité disparue.

L'enceinte d'un palais, qu'on suppose avoir été celui du roi Maha Sen, présente les ruines d'un édifice central, entouré de quatre bâtiments. A peine la jungle fut-elle élaguée que déjà elle recouvrait à nouveau une partie des élégants soubassements de granit qui supportaient les colonnes du pavillon royal. La merveilleuse dalle placée au pied de la rampe, les marches ornées de sculptures de nains accroupis, et les figures grotesques qui gardent l'entrée sont admirablement conservées et vous révèlent la beauté artistique de cette somptueuse demeure princière. Les dalles, en forme de demi-lune *(moon stones)*, sont spécifiques à l'ancienne architecture çingalaise. On en retrouve partout. Celle dont je parle passe pour être une des plus belles qu'on ait découvertes jusqu'à présent. Impossible de ne pas être en admiration devant la finesse de ses ornements concentriques, représentant des guirlandes de fleurs et des processions d'animaux, parmi lesquelles celle des oies sacrées.

Sur un panneau, au coin de ce qui reste de la façade, un lion sculpté, d'un relief admirable, semble vouloir dévorer quiconque oserait s'approcher.

D'un autre petit palais, appelé le « palais des Paons » à cause de sa brillante décoration extérieure, il ne reste plus qu'un certain nombre de colonnes de granit.

D'innombrables bassins ou bains contribuaient pour une large part à la beauté de l'ancienne capitale.

La plupart d'entre eux sont encore presque intacts et n'exigeraient que peu de travail pour être restaurés dans leur antique splendeur.

Au moment où je photographiais un de ces bassins, le *Kuttam Pokuna*, récemment découvert en pleine forêt, deux jeunes indigènes sautèrent comme deux singes sur les piliers de la rampe de granit par laquelle descendaient les baigneurs.

Après la saison des pluies, le bassin était trop rempli d'eau pour qu'on pût en voir la disposition intérieure. Mon guide m'explique qu'il a une profondeur de vingt pieds, et que ses murs sont composés d'une série de gradins, permettant de se baigner aisément, quel que soit le niveau de l'eau.

Les bains en briques, aujourd'hui en ruines, que les empereurs romains firent construire à peu près à la même époque, ne sauraient être comparés aux magnifiques bains des rois et des riches çingalais.

On peut encore voir, dans la forêt, les restes d'un édifice qu'on suppose avoir été l'écurie des éléphants royaux.

A quelques pas plus loin, un bassin fut construit spécialement pour le bain de ces énormes animaux.

Chose curieuse, quand aujourd'hui l'eau manque dans la forêt, les éléphants sauvages savent trouver le chemin de cet étang, où il n'est pas rare de les voir

LE KUTTAM POKUNA

se baigner en troupeaux plus ou moins nombreux.

Ailleurs, dans un coin sombre et solitaire, une colossale statue du Bouddha, taillée dans un bloc de granit noirâtre, se dresse devant nous comme une apparition fantastique des temps passés.

Parmi les monuments les plus remarquables de cette cité sans pareille, il faut mentionner le plus ancien et le mieux conservé des temples bouddhiques, la *Thuparama Dagoba*. Elle fut bâtie par le roi Tissa, peu de temps après sa conversion, pour abriter l'os droit maxillaire du Bouddha, la première relique qui fut apportée des Indes par un neveu de l'apôtre Mahinda.

Les fines colonnes monolithes de sa plate-forme sont, encore aujourd'hui, dignes d'admiration.

Enfin, pour terminer ce court aperçu, citons encore les ruines du *Dalada Maligawa* ou temple de la « dent », construit, plusieurs siècles plus tard, par le fils de Maha Sen.

Ce temple est célèbre parce qu'il a servi de premier abri à la fameuse dent du Bouddha. On admet, aujourd'hui, que cette relique, après de nombreuses aventures, fut détruite par les Portugais; mais les bouddhistes n'en vénèrent pas moins, jusqu'à présent, dans le temple de Kandy, une pièce d'ivoire, qui n'a guère de ressemblance avec une dent humaine, mais qu'ils considèrent, cependant, comme étant la dent authentique du « Sage ».

Plusieurs jours de suite, je revins errer au milieu des ruines dans la forêt mystérieuse, en songeant à la merveilleuse cité, qu'un cruel destin livra aux assauts des envahisseurs étrangers, et, finalement, à la jungle dévorante. Jamais je n'ai si profondément ressenti la fragilité des choses de ce bas monde.

« *Don't remain here too long, it is a very unhealthy place* », me disait, à l'hôtel, un Anglais, qui prétendait qu'on y sentait la fièvre dans l'air. Mais ce ne fut ni la chaleur accablante, ni les moustiques, ni l'atmosphère lourde, imprégnée des senteurs indéfinissables de la forêt, qui me firent quitter le charmant petit hôtel d'Anuradhapura. Dans trois jours, notre croiseur quittera Colombo, et il était temps que je rejoignisse mes compagnons de voyage pour faire les préparatifs du départ.

LA THUPARAMA DAGOBA

ESCALIER D'UN ÉDIFICE DISPARU

CHAPITRE XII

SUR LA CÔTE FRANÇAISE DES SOMALIS

Djibouti. — Réception chez le gouverneur. — La ville blanche et la ville noire. — Au jardin d'Ambouli. — Une réunion de courses. — Les danses indigènes. — Au Caire. — Retour en Europe.

23 janvier. — C'est avec des sentiments partagés que nous avons réintégré nos cabines, surchauffées par un long séjour dans le port. Les uns se réjouissent à l'idée de rentrer en Europe et comptent déjà les jours qui les séparent du retour au pays natal, auprès de leur famille. Les autres, en petit nombre, n'ont pas vu disparaître sans regret les montagnes de Ceylan derrière les flots azurés de l'océan Indien. Ils sont hantés par trop de visions inoubliables de la nature tropicale, pour songer avec enthousiasme au retour dans les pays du Nord.

Comme nous marchons à vitesse modérée, il faut nous apprêter à une traversée d'une semaine. Bientôt la température fraîchit et les grains se succèdent. Le thermomètre marque 18 degrés centigrades et, déjà, il nous semble qu'il fait froid. L'inévitable mousson se met à souffler de plus en plus fortement. A l'avantpont, les grands bœufs à bosse, que nous avons embarqués à Colombo, sont incommodés par le tangage et roulent de gros yeux tristes. Du reste, comme ils sont les victimes destinées à notre alimentation, chaque jour est marqué par une nouvelle place vide dans leurs rangs.

L'absence de soleil nous paraît une anomalie bizarre. Sous un ciel terne, tous les océans se ressemblent et sont également monotones. En vain notre excellente musique du bord cherche-t-elle, pendant le déjeuner, à égayer les esprits.

Involontairement, je songe aussi à ces deux hommes de l'équipage qui, tous les matins, à la première heure, sont amenés du fond de la cale, sous l'escorte de deux sentinelles armées, jusque sur le pont où il leur est permis de humer, pendant quelques minutes, l'air du large. L'un d'eux, très pâle, a été mis au cachot à Sabang, sur un ordre venu de Pétersbourg. Il est accusé d'avoir fait de la propagande révolutionnaire. L'autre, s'étant pris de querelle, à la suite de trop copieuses libations, avec un de ses camarades, dans un débit d'alcool de Colombo, assomma celui-ci d'un coup de bouteille cassée sur la nuque. Le pauvre homme, qui était un bon matelot, une fois les fumées de l'ivresse dissipées, se montra inconsolable d'avoir tué son ami. Heureusement pour lui que notre consul a obtenu son extradition, sans cela la justice coloniale anglaise, impitoyable, l'eût déjà fait pendre. Les deux accusés répondront de leurs actes devant les tribunaux russes.

Enfin, le sixième jour, la mer a repris sa belle couleur bleue et les derniers nuages ont disparu à l'horizon. A voir le coucher du soleil si lumineux, on se sent encore sous un ciel oriental. Vivement poussé par un bon vent arrière, notre croiseur se rapproche du continent africain.

Le lendemain matin, nous sommes en vue de la côte des Somalis, et bientôt, après avoir longé plusieurs récifs de coraux, nous distinguons, de très loin, dans une anse sablonneuse, les maisons blanches de la colonie française de Djibouti.

La côte est si plate dans ces parages que l'*Aurora* est obligée de jeter l'ancre à une grande distance de la terre. Mais, avec une longue-vue, nous découvrons que la petite ville est entièrement pavoisée de drapeaux français et russes. Les colons se sont mis en frais pour recevoir de leur mieux le cousin de l'empepereur de Russie.

Voici déjà, sur une chaloupe à vapeur, M. Pascal, le gouverneur de Djibouti, qui vient souhaiter la bienvenue au grand-duc et lui soumettre tout un programme de fêtes préparées en son honneur. Nous sommes tous invités, ainsi que notre commandant et plusieurs officiers, à dîner, le soir même, à la Résidence, la jolie maison que nous apercevons près de la jetée, entourée de quelques palmiers. Ces arbres seraient-ils uniques à Djibouti? Si loin que vous regardiez, vous n'apercevez, en effet, pas la plus petite trace de végétation.

Quand le grand-duc débarqua sur le quai pour se rendre au palais du gouverneur, une compagnie de superbes soldats, noirs comme l'ébène, présentèrent les armes avec un ensemble qui fait honneur aux officiers français, leurs instructeurs. Bien sanglés dans une tunique de toile blanche serrée à la taille par une ceinture rouge, vêtus d'un pantalon également blanc, pris au-dessus de la cheville dans une courte molletière de laine, ces hommes, des Abyssins, pour la plupart, ont vraiment fière allure. Ils sont coiffés d'un fez et marchent pieds nus.

Djibouti ne possède pas d'autres troupes. Vous chercheriez en vain, près de la ville, un fort ou des canons.

Le grand-duc avait fait venir les musiciens de l'*Aurora* pour nous donner un concert pendant ce dîner, auquel participèrent les principaux fonctionnaires du gouvernement.

Pour la première fois depuis plusieurs mois, nous savourons un menu essentiellement français, servi par des domestiques arabes. Au dessert, le gouverneur et le grand-duc échangèrent les toasts obligatoires, empreints de la plus grande cordialité; puis nous passons sur la terrasse, illuminée, ainsi que le jardin, pour y prendre le café et respirer les douces brises de

LE PORT DE DJIBOUTI

TROUPES INDIGÈNES A DJIBOUTI

mer. La nuit est idéale, presque fraîche. Pendant ce temps, la salle de réception se remplit d'un flot d'invités. La petite colonie française y est bientôt au complet et nos jeunes officiers ne se firent pas prier pour faire valser les charmantes jeunes femmes qui firent l'ornement de cette jolie fête.

Devant des buffets largement servis de rafraîchissements, nous lions connaissance avec les colons, un verre de champagne en main. Toute contrainte est bientôt rompue et le bal se prolonge, avec beaucoup d'entrain, jusqu'à minuit.

Le comte Wielopolski et le capitaine Coubé, qui avaient passé autrefois par Djibouti pour aller chasser en Abyssinie, sont frappés de voir le développement que la ville a pris depuis lors. Il y a dix ans, le quartier européen se composait d'une vingtaine de maisons, tout le reste n'était que des paillotes, c'est-à-dire de primitives huttes indigènes. Aujourd'hui, ce quartier comprend plusieurs rues, nombre de spacieux édifices, occupés par les bureaux de l'administration, les banques ou maisons de commerce, pour ne pas parler des vastes entrepôts et des magasins construits près du port.

Djibouti possède deux hôtels. Après les coquets pavillons de l'hôtel der Neerlanden, à Batavia, ils devaient nous paraître peu attrayants. Le plus ancien, l'hôtel des Arcades, est tenu par M. Vigier, personnalité bien connue de tous les sportsmen qui ont passé par ici pour y organiser des expéditions de chasse à l'intérieur du pays.

On dit plaisamment que, partout où il s'installe, le Français établit un café, l'Anglais un tennis, l'Allemand une école, et le Russe une église.

De fait, ainsi qu'à Saïgon et à Hanoï, les cafés ne manquent pas à Djibouti. Voyez plutôt, sur la grande place, la terrasse du café de la Paix, à l'heure de l'apéritif. Pas une table n'est libre. Faute de club, c'est là que les colons discutent sur tout ce qui se passe en ville et se tiennent au courant des dernières nouvelles.

L'événement du jour est, naturellement, la visite du grand-duc Boris, et le bal de la veille chez le gouverneur défraie toutes les conversations.

Bureaux, banques et postes, tout sera fermé après le déjeuner, pour que chacun puisse assister aux courses organisées pour cet après-midi.

Profitant de quelques heures libres dans la matinée, je m'en allai, avec le comte Wielopolski, flâner un peu dans la ville indigène. Rien n'est plus original que cette agglomération, dont les rues, bordées de maisonnettes primitives, sont décorées du nom pompeux d'avenues et de boulevards. Seules, les habitations des Juifs, construites en briques, méritent la dénomination de maisons.

La population indigène est cantonnée dans des paillotes ou huttes construites en terre sèche avec

LA PLACE DU MARCHÉ INDIGÈNE A DJIBOUTI

des branches et des nattes. Chaque demeure a une cour, entourée d'une palissade de planches ou de paillassons, suffisamment haute pour que les regards du passant ne puissent voir ce qui se passe à l'intérieur. Dans la cour, se trouve généralement un hangar, qui sert d'abri aux chèvres.

Sur la grande place du marché, ouverte du côté de la mer et dominée par la mosquée, vendeurs et vendeuses de fruits du pays sont pittoresquement groupés au milieu des chameaux accroupis. C'est ici qu'il faut venir pour voir réunis les divers éléments qui constituent la population noire du pays : Abyssins, Nubiens à la peau reluisante comme du goudron, grands diables de Somalis aux cheveux ébouriffés et couverts de chaux, Arabes au nez aquilin, toujours coiffés du turban. Les femmes somalis sont parfois superbes et se distinguent par une démarche majestueuse et des yeux très noirs, brillant d'un éclat particulier. Mais, de même que leurs sœurs d'Abyssinie, elles s'esquivent bien vite dans leurs huttes à la vue d'un Européen, surtout s'il tient un kodak en main.

« Quand elles nous rencontrent — me disait, la veille, une jeune dame française, — elles se détournent en se bouchant le nez, sous prétexte que nous sentons mauvais ! »

En traversant une petite rue, des femmes indigènes, les bras et les jambes surchargés de bracelets et d'anneaux, sorties de leurs huttes en entendant notre voiture, se mirent à nous héler, mon ami et moi, en criant et en se disputant. Nous fûmes bel et bien obligés de repousser les assauts de ces « belles » de l'endroit.

Le petit gamin somali qui avait usurpé une place à côté du cocher et s'y donnait des airs de guide se mit à les invectiver dans la langue de son pays. Il leur lança même, à notre grand étonnement, quelques apostrophes en français, dignes des trottoirs de Montmartre.

Vous ne pouvez pas sortir de l'hôtel sans être assailli par des négrillons, hauts comme des bottes, mais capables de vous suivre pendant des heures, histoire d'obtenir, pour commencer, la permission de porter votre kodak. Une fois qu'ils détiennent le précieux appareil, ils se croient aussitôt promus au grade de drogmans et obligés de vous faire la conversation, dans un français de nègre, des plus comiques, en vous tutoyant avec beaucoup d'aplomb.

En dehors des limites de la ville indigène, s'étend une sorte de faubourg pauvre, composé de cabanes éparpillées sur la plaine sablonneuse. Planches de caisses, feuilles de tôle, boîtes de fer-blanc, tout sert au besoin à l'indigène comme matériel de construction. Aussi ces misérables huttes, autour desquelles les chiens rôdent d'un air affamé, ont-elles l'aspect le plus hétéroclite qu'on puisse imaginer. Sous un ciel

HUTTES INDIGÈNES A DJIBOUTI

SOMALIS RECUEILLANT DES COQUILLES

moins clément, on ne les prendrait guère pour des habitations humaines.

De là, une avenue nouvellement tracée, plantée de jeunes arbres chétifs qui semblent dépérir, mène, à travers une plaine de sable, au jardin d'*Ambouli*. Grâce à l'eau de quelques puits et à un arrosage constant, le gouvernement a, non sans peine, créé en cet endroit une sorte de pépinière, destinée à fournir des plantes à la capitale. C'est le seul coin de verdure où les habitants de Djibouti puissent venir reposer leurs yeux fatigués par la réverbération éblouissante des sables.

Nous nous arrêtons quelques instants auprès d'un petit pavillon en pierre, entouré de grenadiers et de palmiers, qui a été construit à l'usage du gouverneur.

Pour revenir, nous choisissons une route qui longe le chemin de fer de *Diré-Daoua* et nous ramènera à Djibouti en suivant de près le rivage de la mer.

Abandonnant pour quelques minutes notre équipage, nous nous dirigeons à pied vers une plage très plate, où des Somalis sont occupés à ramasser de grosses coquilles. Celles-ci se rencontrent en si grande quantité dans ces parages qu'on les exploite pour en faire de l'engrais. Vous en voyez des milliers, accumulées dans des sacs, ou séchant encore sur le sable. Au loin, la mer avance bruyamment, en une ligne écumante, chassant devant elle une armée de crabes, de toutes grandeurs, qui disparaissent, avec une célérité fantastique, dans d'innombrables trous. Deux indigènes viennent précisément d'en attraper un d'une taille considérable. Ils lui ont cassé une des pinces et le tiennent prudemment par l'autre, pour ne pas risquer de se faire couper les doigts.

Avant de rentrer à l'hôtel, nous inspectons les quelques boutiques où les Juifs vendent des plumes d'autruches, des armes du pays, des peaux d'animaux sauvages. Ils y font aussi un commerce de café et d'ivoire.

Sauf un bazar oriental sur la grande place, il n'y a guère de magasins dans cette ville naissante, obligée, pour tous ses besoins, d'avoir recours à l'importation de l'étranger.

Les femmes de ménage doivent avoir de la peine à se procurer les provisions nécessaires.

« Il n'y a pas longtemps — me disait l'hôtelier — que les hyènes venaient encore rôder, la nuit, jusque dans la cour de l'hôtel, pour y chercher les détritus qu'on y jetait. »

A quatre heures de l'après-midi, les tribunes du champ de courses s'emplissent de dames, de fillettes en robes blanches, de messieurs en costumes blancs et coiffés du casque tropical. Toute la colonie européenne est là. Une tribune, spécialement réservée pour le grand-duc et sa suite, est décorée de drapeaux français et russes.

« Le voilà ! » s'écria-t-on de toutes parts, quand on

GROUPE DE FEMMES INDIGÈNES

ARRIVÉE DU GRAND-DUC BORIS AU CHAMP DE COURSES

vit poindre, sur la route sablonneuse, l'automobile du gouverneur. A l'instant où Son Altesse Impériale, accompagnée de M. Pascal, entre dans l'enceinte du pesage, une fanfare, composée d'amateurs, attaque crânement l'hymne national russe.

Courses pédestres, courses de chevaux pour indigènes, steeple-chase pour Européens, et finalement courses de chameaux, rien ne fut négligé afin de rendre le programme de cette réunion aussi attrayant qu'amusant. La foule enthousiaste des gens du pays, pressée autour de la piste, en complétait le pittoresque tableau.

Nous eûmes un très joli dîner, le soir, chez M. Ghaleb, notre consul à Djibouti. Sa maison, une des plus belles de la ville, est garnie avec beaucoup de goût d'objets d'art japonais et orientaux. Nous y faisons connaissance, entre autres personnes, de l'agent diplomatique du négus d'Abyssinie, Ato Joseph, vieillard très sympathique et parlant bien le français.

Après avoir assisté, depuis les galeries, à un feu d'artifice tiré au bord de la mer, nous nous rendîmes au bal offert par la municipalité dans la grande salle du café de la Paix. Les danses furent très animées et les terrasses brillamment illuminées ne désemplirent pas jusque fort tard dans la nuit.

Mais le numéro le plus original du programme des fêtes nous est réservé pour la matinée du lendemain.

Nous aurons la chance d'assister aux curieuses danses du pays qu'on nomme « Bouroumsi-Bouroumsa ».

Vers dix heures du matin, la grande place présente un aspect extraordinaire. Elle est envahie par plusieurs centaines d'indigènes, armés de lances et de boucliers, que la police a grand'peine à contenir. On dirait positivement qu'ils ont le diable au corps. Ils crient, s'agitent, brandissent leurs armes, impatients de pouvoir s'adonner à leur récréation favorite.

Au milieu de ce troupeau d'hommes noirs, vous apercevez divers groupes de femmes, ornées de leurs plus beaux atours.

Dès que le grand-duc fut arrivé et qu'il eut pris place, à côté du gouverneur, sur la terrasse du café de la Paix, transformée en vaste loge pour les invités, le signal des danses fut donné. Aussitôt, les Somalis se mirent en branle et exécutèrent, lances et boucliers en mains, avec des cris sauvages, une série de sauts et d'évolutions guerrières des plus caractéristiques. Ces hommes, tous très grands et maigres comme des clous, ont un aspect vraiment féroce. Il y a, sans doute, dans leurs rangs, de vieux brigands dont la conscience est chargée de plus d'un crime.

Tantôt ils avancent par bonds, sur un pied, en brandissant leur lance, à la recherche d'un ennemi invisible; tantôt ils rampent à quatre pattes, en exécutant d'incompréhensibles sauts périlleux. Pendant ce temps, des musiciens produisent un tintamarre

COMBATS SIMULÉS DES SOMALIS

DANSES ARABES

infernal au moyen de gongs et d'instruments primitifs.

Les Somalis, peuple guerrier et batailleur, luttent presque continuellement entre eux dans la montagne, où leurs diverses tribus se disputent sans cesse les bestiaux et les pâturages.

« Ces gaillards-là ont le corps dur comme du fer — me dit le médecin militaire français — et ils se guérissent rapidement des blessures les plus graves. Par contre, ils n'offrent aucune résistance aux maladies et aux épidémies. »

Ensuite, les Abyssins entrèrent en scène. Eux aussi simulent, avec une rare impétuosité, des combats singuliers où l'adversaire est terrassé et soi-disant tué à coups de dague.

Puis, ce fut le tour des Arabes. Leurs danses, auxquelles les femmes prennent part, sont plus lentes et moins sauvages. Pendant deux heures, nous vîmes ainsi défiler devant nos yeux des représentants des villages éloignés, des tribus diverses qui peuplent l'intérieur du pays.

Mais voici, pour terminer, le clou du spectacle. Au programme figure encore un concours de beautés indigènes. Celles que le jury a jugées dignes d'être récompensées pour leurs grâces naturelles s'approchent, l'une après l'autre, du grand-duc qui, très amusé, est chargé de remettre à chacune le prix décerné.

Deux femmes somalis, surchargées de bracelets et

d'anneaux, furent particulièrement remarquées. Pour se rendre plus belles, elles se sont peint des lignes brunes sur le front. La plus jolie des Abyssines et la mieux tournée des femmes arabes, dont on ne vit, du reste, que les yeux, furent également au nombre des élues.

Après avoir remercié M. Philippeau, l'habile organisateur des fêtes, le grand-duc retourna à bord de l'*Aurora*, où il avait invité, à un déjeuner d'adieu, le gouverneur, les principaux fonctionnaires, le consul et leurs dames.

Faute de temps, il nous a fallu renoncer à une excursion projetée à *Diré-Daoua,* la station terminus du chemin de fer qui, dans deux ou trois ans, reliera *Addis-Abeba,* la capitale de l'Abyssinie, avec le port de Djibouti.

Nous quitterons la côte des Somalis sans avoir pu faire connaissance avec l'intérieur du pays, mais en emportant le meilleur souvenir de notre séjour dans cette colonie française jeune encore et riche en promesses d'avenir.

* * *

A cette époque de l'année, le passage de la mer Rouge n'est pas éprouvant. La température y est très supportable.

LA RÉSIDENCE DU GOUVERNEUR A DJIBOUTI

LES OFFICIERS DE L' « AURORA » RECONDUISANT

En arrivant à Suez, le 7 février au soir, le docteur en fonction, un Tchèque, voulut nous imposer une quarantaine, à cause des deux matelots décédés à Bangkok. Il s'entêta à vouloir soupçonner qu'ils étaient morts du choléra. Heureusement que l'intervention du médecin en chef de la compagnie du Canal mit fin à cette contrainte.

Laissant l'*Aurora* continuer sa route à travers le canal, nous prîmes, le lendemain matin, le premier train pour le Caire.

La saison y bat son plein. Tous les hôtels sont bondés de monde. Nous y rencontrons plusieurs de nos amis égyptiens, qui s'empressèrent d'organiser une série charmante de dîners et de soirées dansantes, en l'honneur du grand-duc.

De Port-Saïd, l'*Aurora* fait route vers la Grèce.

Nous ressentîmes les premières atteintes du froid dans les îles de la mer Egée, où nous fûmes surpris par une vraie tempête. Le pont est balayé par les embruns, et tous les officiers ont repris leur tenue d'hiver.

Dès que notre croiseur eut jeté l'ancre dans la rade de Phalère, le grand-duc Boris alla s'installer, pour quelques jours, chez sa sœur, la grande-duchesse Hélène, la femme du prince Nicolas de Grèce, dans leur joli petit palais, situé près du Palais-Royal.

Les sommets des montagnes sont couverts de neige fraîche. Il neigeote quand nous visitons l'Acropole, et un vent glacial soulève la poussière des rues.

Athènes, ville de la lumière et des douces colorations, reste morne sous un ciel gris, malgré l'animation du carnaval.

Dans les salons, les réunions mondaines se succèdent jusque tard dans la nuit.

Nous eûmes l'honneur d'être conviés, entre autres fêtes, au dîner que S. M. le roi Georges offrit au grand-duc Boris.

Enfin, la veille de notre départ fut égayée par un soleil radieux. Je me souviendrai toujours de la délicieuse excursion en automobile que nous fîmes dans la montagne, en passant par les forêts de pins de Tatoï, la résidence d'été du Roi.

Après un court séjour à Naples, nous nous dirigeons vers Villefranche, qui sera le terme de notre voyage maritime.

En passant près de la Corse, le grand-duc voulut voir l'île de Monte-Cristo. Les quelques employés et domestiques du château de chasse que le roi d'Italie possède sur cette île déserte furent tant soit peu effrayés à l'approche de notre bâtiment de guerre. Mais, dès que l'intendant sut à qui il avait affaire, il s'empressa de nous faire visiter la propriété royale.

Le lendemain matin, 2 mars, l'*Aurora* entrait dans la rade de Villefranche, saluée par les salves des forts français. Durant plusieurs jours, nos officiers rayonnèrent dans toutes les directions : à Nice, à Cannes,

L'AUTEUR DU VOLUME, LE CHEVALIER I. DE SCHÆCK

Monte-Carlo, heureux de se retrouver en France. Ils se croyaient encore sur le chemin du retour en Russie où ils espéraient rentrer pour les fêtes de Pâques, quand notre bâtiment reçut l'ordre d'appareiller pour la Crète.

Le 6 mars, nous déjeunions une dernière fois à bord. Après de touchants adieux, les officiers tinrent à prendre eux-mêmes les rames pour reconduire le grand-duc à terre. Saisissant la barre, ce dernier promena deux fois la chaloupe autour du croiseur, au milieu des hourras enthousiastes de l'équipage, puis se dirigea vers le port.

Une demi-heure plus tard, assis mélancoliquement sur la terrasse de Beaulieu, nous vîmes le croiseur qui nous avait servi de demeure flottante pendant cinq mois, s'éloigner majestueusement et disparaître bientôt à l'horizon.

Plusieurs de nos camarades en avaient les larmes aux yeux.

TABLE DES GRAVURES

	Pages
S. A. I. le grand-duc Boris et sa suite, aux fêtes du couronnement, à Bangkok	Frontispice
En rade d'Aden	12
Le croiseur cuirassé russe *Aurora*. — Le grand-duc Boris et le comte Grabbe	18
Le débarcadère à Colombo	22
Embarcation çingalaise et l'hôtel du Mount Lavinia	26
Femme çingalaise	30
Prêtre bouddhiste	32
Dans le parc de King's Cottage. — Chez le consul de Russie	36
L'hôtel de Sabang. — Le prince et la princesse Guillaume de Suède	48
Arrivée du grand-duc Boris à Bangkok	50
Le grand-duc Boris se rendant à l'audience royale	54
Le palais d'Amporn. — La chambre à coucher du grand-duc Boris au palais d'Amporn	56
Le prince et la princesse de Teck et leur suite	58
Le nouveau hall des audiences, en construction. — Les communs de la domesticité dans le parc d'Amporn	62
Le palais du roi. — Groupe de représentants étrangers	64
S. M. Maha-Vagiravudh, roi du Siam	68
Le palais du couronnement. — S. M. Vagiravudh sur le palanquin royal	70
Le roi de Siam en vêtements religieux	72
Le roi se montre à la foule après le couronnement	76
Le peuple en fête. — Dans la cour du palais	80
La procession solennelle sortant du palais	88
La procession solennelle du couronnement	90
Les invités contemplant la cérémonie sur le Menam	92
Le défilé des gondoles historiques	94
Dans la cour du palais. — Un garde du corps siamois	96
Les princes étrangers se rendant à la revue des troupes	102
La revue des troupes. — La reine mère arrivant au pavillon royal	104
Le yacht royal. — La revue des troupes	106
Un temple moderne à Ayuthia	108

Sur la rivière, à Ayuthia. — Ruines d'anciens temples bouddhistes (dagobas), à Ayuthia	110
Dans le parc de Ban-pa-in. — Un pavillon du parc	112
La parade des « Tigres sauvages »	120
La rade de Singapour, vue de la terrasse du Raffle's Hotel. — L'hôtel de ville de Singapour	124
Un restaurant indigène à Java	140
Le waringin géant	144
Au jardin botanique de Buitenzorg	146
Au jardin botanique de Buitenzorg. Les *Victoria Regia*	148
Au jardin botanique de Buitenzorg. Les figuiers géants	150
Une masseuse javanaise	152
La garde du sultan de Djokjakarta	164
Danseuse javanaise	168
Danseuse javanaise	170
Le grand-duc Boris au temple de Boro-Boudor	172
Statue du Bouddha, au Tjandi Mendcut	174
Le temple de Prambanam. — Le temple de Boro-Boudor	176
Avenue du temple des Mille Bouddhas. — Statue de buffle au temple de Prambanam	178
Statues de dieux au temple de Prambanam	180
Sur les hauteurs de Mihintale	184
Vestiges d'un palais. — La *rest-house* à Mihintale	186
L'entrée du Rocktempel et le bassin	188
Ruines du palais aux Mille Colonnes. — Le Rocktempel	190
Environs d'Anuradhapura	192
L'Abhayagiri Dagoba. — Le bain des indigènes	194
Le Jetawaranama Dagoba. — La Mirisaweti Dagoba	196
Le Kuttam Pokuna. — Statue du Bouddha dans la forêt	200
La Thuparama Dagoba. — Escalier d'un édifice disparu	202
Le port de Djibouti. — Troupes indigènes à Djibouti	206
La place du marché indigène à Djibouti	208
Huttes indigènes à Djibouti. — Somalis recueillant des coquilles	210
Groupe de femmes indigènes. — Arrivée du grand-duc Boris au champ de courses	212
Combats simulés des Somalis. — Danses arabes	214
La résidence du gouverneur à Djibouti. — Les officiers de l'*Aurora* reconduisant le grand-duc Boris à terre	216
L'auteur du volume, le chevalier I. de Schæck	218

TABLE DES MATIÈRES

Préface... 1

CHAPITRE PREMIER

DE NAPLES A CEYLAN

La mission du grand-duc Boris. — Départ de Naples. — A bord du croiseur russe *Aurora*. — Port-Saïd, le canal maritime et la mer Rouge. — Arrivée à Aden. — La cité arabe. — Visite aux citernes. — Climat et ressources. — Une soirée chez le gouverneur. — En océan Indien.. 1

CHAPITRE II

A CEYLAN

Arrivée à Colombo. — La ville blanche. — Promenade à Mount-Lavinia. — Les Çingalais. — Le bouddhisme. — Excursion à Kandy. — Le jardin de Péradénia. — En automobile de Kandy à Colombo.... 21

CHAPITRE III

AUX INDES NÉERLANDAISES

Quelques jours à Sabang. — Promenades sur l'île de Pulo-Way. — Une île encore vierge. — En route pour Singapour. — Dans le golfe de Siam... 41

CHAPITRE IV

AU SIAM

Réception à Bangkok. — Visite chez le roi. — Le palais d'Amporn. — Dîner au palais Chakkri. — Promenade au Dusit-Park. — Les représentants étrangers. — Une soirée chez le prince Chira. — La cérémonie de la bénédiction de l'eau............................ 51

CHAPITRE V

AU SIAM

La cérémonie du couronnement de S. M. Vagiravudh. — Le cortège royal. — Au temple de Wat-Prakeo. — Les illuminations du palais et de la ville. — Le bazar de Dusit-Park........·............... 69

CHAPITRE VI

AU SIAM

La procession solennelle. — Le roi reçoit les adresses de son peuple. — La rivière illuminée. — La cérémonie sur le Menam. — Dîner de gala. — L'hommage de la jeunesse scolaire. — Bal ministériel. — La revue des troupes.. 86

CHAPITRE VII

AU SIAM

Excursion aux ruines d'Ayuthia. — Une ville flottante. — Bang-pa-in, le Versailles siamois. — La fête de la Marine. — La parade du corps des « Tigres sauvages ». — Départ de Bangkok.................. 108

CHAPITRE VIII

A SINGAPOUR

Au Raffle's Hotel. — Façon de vivre en pays tropical. — La ville européenne. — Les quartiers chinois. — Une mascarade originale... 121

CHAPITRE IX

A JAVA

Arrivée à Tandjong-Priok. — Batavia et Weltevreden. — Le Jardin Botanique. — Au musée zoologique. — Bogor. — L'islamisme à Java. — La langue malaise. — Richesses naturelles de l'île............. 136

TABLE DES MATIÈRES

CHAPITRE X

A JAVA

De Buitenzorg à Garout. — Les rizières. — Une visite au sultan de Djokjakarta. — Les temples de Boro-Boudor et de Prambanam. — A Bandoung. — Départ de Batavia............................ 156

CHAPITRE XI

A CEYLAN

Retour à Colombo. — Anuradhapura. — Le Rock Tempel. — Le temple de l'Arbre Sacré. — Le palais des Mille colonnes. — Les monuments de la ville sainte. — Une forêt fabuleuse..................... 181

CHAPITRE XII

SUR LA CÔTE FRANÇAISE DES SOMALIS

Djibouti. — Réception chez le gouverneur. — La ville blanche et la ville noire. — Au jardin d'Ambouli. — Une réunion de courses. — Les danses indigènes. — Au Caire. — Retour en Europe....... 203

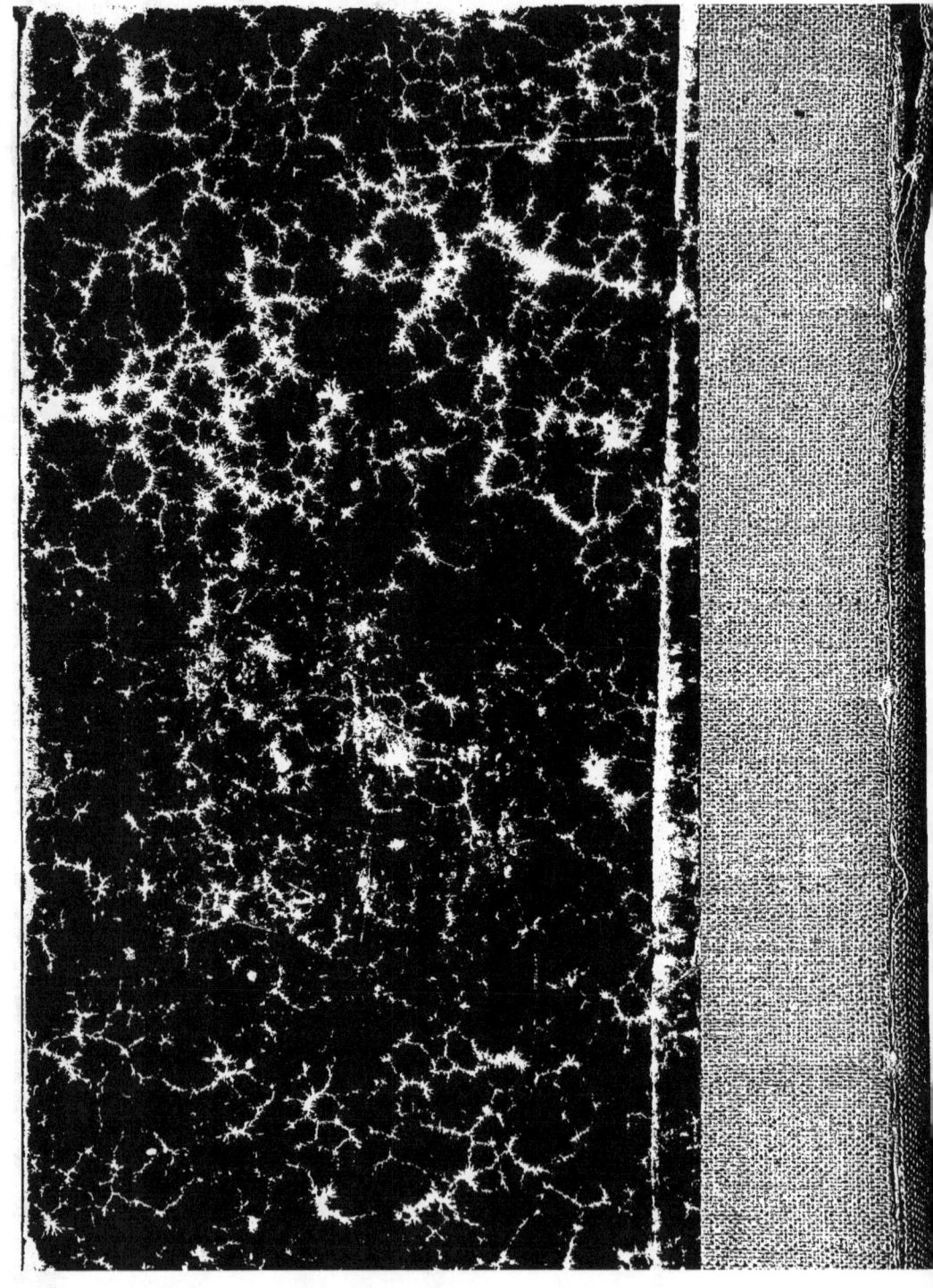

www.ingramcontent.com/pod-product-compliance
Lightning Source LLC
Chambersburg PA
CBHW050254170426
43202CB00011B/1686